V&R

Andreas Obenauer

Reli für Jungs

Didaktische Impulse für einen
jungengerechten Religionsunterricht

Downloadmaterial unter
www.v-r.de/reli_fuer_jungs
Passwort: TPwsG6ZP

Vandenhoeck & Ruprecht

Bibliografische Information der Deutschen Nationalbibliothek

Die Deutsche Nationalbibliothek verzeichnet diese Publikation in der
Deutschen Nationalbibliografie; detaillierte bibliografische Daten sind
im Internet über http://dnb.d-nb.de abrufbar.

ISBN 978-3-525-77680-3

Weitere Ausgaben und Online-Angebote sind erhältlich unter: www.v-r.de

Umschlagabbildung: © Zooropa – Fotolia.com

© 2014, Vandenhoeck & Ruprecht GmbH & Co. KG, Göttingen /
Vandenhoeck & Ruprecht LLC, Bristol, CT, U.S.A.
www.v-r.de
Alle Rechte vorbehalten. Das Werk und seine Teile sind urheberrechtlich
geschützt. Jede Verwertung in anderen als den gesetzlich zugelassenen Fällen
bedarf der vorherigen schriftlichen Einwilligung des Verlages.
Printed in Germany.

Satz: SchwabScantechnik, Göttingen
Umschlag: SchwabScantechnik, Göttingen
Druck und Bindung: ⊕ Hubert & Co., Göttingen

Gedruckt auf alterungsbeständigem Papier.

Inhalt

1. **Reli für Jungs?** 9

2. **Jungen und Schule: Etappen der Diskussion** 11
   2.1 Mädchen sind mitgemeint, Jungen auch:
       Von der Geschlechterhierarchie zur übergangenen
       Geschlechterdifferenz 12
   2.2 Jungen unter Sexismus-Verdacht:
       Antisexistische Jungenpädagogik 13
   2.3 Jungen mit integrierten weiblichen Anteilen:
       Geschlechtsintegrierende Ansätze 15
   2.4 Jungen als Bildungsverlierer:
       Defizitorientierte Jungenpädagogik 16
   2.5 Jungen und die neu entdeckte Männlichkeit:
       Pädagogik der Geschlechterdifferenz 17
   2.6 Junge sein als überwindbare Kategorie:
       Radikal-konstruktivistische Pädagogik 18
   2.7 Junge sein im Plural: Pädagogik der Vielfalt 20
   2.8 Jungen und Schule: Schlussfolgerungen 21

3. **Mann und Frau: Biblisch-theologische Überlegungen** 23
   3.1 Geschaffen als Mann und Frau: Gen 1–3 23
   3.2 Eins in Christus: Gal 3,28 24
   3.3 Männergestalten in der Bibel 25
   3.4 Bilanz 26

4. **Jungengerechter Religionsunterricht und Religionspädagogik der Vielfalt: didaktische Grundlinien** 27

5. **Was Jungs interessiert: Themen** 31
   5.1 Spezielle Jungen-Themen in einem Religionsunterricht
       der Vielfalt? 31

5.2 Männergestalten in Bibel und Kirchengeschichte 33
5.3 Gottesbilder 44
5.4 Das Böse 46
5.5 Kritische Auseinandersetzung mit der Tradition 48
5.6 Grenzerfahrungen 49

6. Immer nur schön und harmonisch? Ästhetik eines jungengerechten Religionsunterrichts 51
6.1 Bodenbilder 52
6.2 Arbeitsmaterialien 53

7. Jungs und Gott: Spirituelle Elemente 54

8. Reli für Jungs praktisch: Methoden 58
8.1 Spezielle Methoden für Jungen und Religionspädagogik der Vielfalt – ein Balanceakt 58
8.2 Methoden, die gängigen männlichen Rollenzuschreibungen entsprechen 60
  8.2.1 Methoden mit Wettkampfcharakter 60
    Quiz 1: Der große Preis – Quiz 2: Wissen und Action – Quiz 3: Wahr oder falsch? – Quiz 4: Bibel-who-is-who – Quiz 5: Schülerquiz – Quiz 6: Bilderraten (Dalli klick) – Quiz 7: Reli-Fußball indoor – Quiz 8: Reli-Fußball outdoor – Quiz 9: Ja-Stuhl oder Nein-Stuhl? – Bibeldetektive – Pro und contra – Sich mit anderen messen – Wer macht das beste …?
  8.2.2 Methoden mit Bewegung 67
    Atomspiel – Zimmerparcours – Schreibgespräch – Exkursion – Umfrage – Lernstraße – Soziometrische Übung zum Kennenlernen – Ja-Nein-Diskussion (Religionsunterricht) – Ja-Nein-Diskussion (Unterrichtsthema) – Vier-Ecken-Diskussion – Bibel outdoor
  8.2.3 Methoden mit Technik 72
    Internet-Recherche – Fotostory – Foto-Collage – Computer-Plakat – Präsentation – Videodreh – Videoclip/Film ansehen
  8.2.4 Methoden, bei denen man sich in Szene setzen kann 76
    Rollenspiel – Pantomime – Standbild – Schattenspiel – Rap – Was mir heilig ist – Ausstellung

8.2.5 Methoden, bei denen man etwas Praktisches
tun kann 79
Projekt – Werkstatt – Kreuze basteln – Buch/Zeitung erstellen –
Comic zeichnen – Themenkiste – Themen-Raum – Figuren
bauen – Holzklötzchen-Szenen – Fries – Zeitleiste – Fest

8.2.6 Methoden, bei denen man sich kritisch
auseinandersetzen kann 85
Gegentext – Leserbrief – Kritik – Kreuzverhör

8.3 Methoden, die gängige männliche
Rollenzuschreibungen erweitern 86

8.3.1 Methoden, die Sprachfähigkeit und Empathie
fördern 87
Kreatives Schreiben 1: Tagebucheintrag – Kreatives Schreiben 2:
Perspektivwechsel – Kreatives Schreiben 3: Anfangs-Satz –
Kreatives Schreiben 4: Zeitreise – Kreatives Schreiben 5:
Wenn es anders gekommen wäre – Kreatives Schreiben 6:
Die Geschichte vor der Geschichte – Kreatives Schreiben 7:
Jugendsprache – Ein typischer Junge in deinem Alter –
Leserbriefe beantworten – Fragen-Kiste: persönliche Fragen –
Interview – Mit den Augen eines anderen – Elfchen –
Sich in einen Text schreiben – Farben-Text – Gefühlskurve –
Gefühle ausdrücken

8.3.2 Methoden zur religiösen Sprach- und
Ausdruckskompetenz 94
Fragen-Kiste: Gott-und-die-Welt-Fragen – Gebete schreiben –
Gebetsgebärden und Gebetshaltungen – Rituale gestalten

8.3.3 Methoden, die zu Achtsamkeit und Stille
anleiten 96
Eine Minute Stille – Achtsam gehen – Schöpfungsspaziergang

8.3.4 Methoden, die kooperatives Arbeiten stärken 98
Arbeitsteiliges Arbeiten in Gruppen – Arbeitsteilige
Gruppenarbeit – Gruppenpuzzle

9. Exemplarisch: Eine Lernstraße zum Thema
»Typisch Jungs?« für die Sekundarstufe 100

Ausblick: Ein Religionsunterricht, der Jungen
und Mädchen fördert 105

10. Literatur 108

1. Reli für Jungs?

»Reli für Jungs ist schwierig.« So sagte ein erfahrener Religionslehrer unlängst zu mir. Mit dieser Erfahrung ist er nicht allein. Viele Kolleginnen und Kollegen machen ähnliche Erfahrungen: Es ist schwierig den Religionsunterricht so vorzubereiten und zu gestalten, dass er für Jungen ansprechend ist. Meist sind es die Mädchen, die sich motiviert zeigen, die sich an Unterrichtsgesprächen beteiligen und den Unterricht insgesamt voranbringen. Die Jungen sitzen eher gelangweilt in den Bänken oder sie stören.

»Reli ist ein Laberfach.« Dieser Satz eines Schülers macht deutlich, dass Reli auch für die Jungen selbst oft ein schwieriges Fach ist. Anders als Sport gehört es nur selten zu ihren Lieblingsfächern. Es scheint weit weg zu sein von dem, was sie interessiert und begeistert. In Religion wird viel geredet und viel über Gefühle gesprochen. Auf Jungen wirkt das oft spannungs- und energielos, langweilig eben.

Reli für Jungs ist also schwierig in einem doppelten Sinn: Für diejenigen, die das Fach im Blick auf die Jungen in ihren Klassen Woche für Woche unterrichten, und für die Jungen, die das Fach als Schüler Woche für Woche erleben.

Das vorliegende Buch ist aus dieser Praxiserfahrung heraus entstanden. Es analysiert, warum Reli für Jungs oft so schwierig ist, und es zeigt auf, welche Wege Religionslehrkräfte beschreiten können um Jungen den Zugang zu ihrem Fach zu erleichtern. Es regt an zu einer Spurensuche: Wo sind die Punkte, an denen ich das Interesse der Jungen in meiner Klasse für Religion wecken kann?

Ich beschreibe zunächst in einem Durchgang durch die pädagogische Diskussion unterschiedliche Zugänge zum Phänomen *Jungen und Schule*. In einem zweiten Durchgang befrage ich zentrale Bibeltexte auf das ihnen innewohnende Bild der Geschlechter. Beide Durchgänge münden in didaktischen Überlegungen zu einem jungengerechten Religionsunterricht, der im Rahmen einer Pädagogik der Vielfalt verortet wird.

Die anschließenden Praxiskapitel zu jungengerechten Themen, zur Ästhetik des Religionsunterrichts, zu spirituellen Elementen und zu Methoden bilden den Schwerpunkt des Buches. Sie haben vor allem die Grundschule und die Sekundarstufe 1 im Blick, geben aber auch Anregungen für die Kursstufe des Gymnasiums und für die beruflichen Schulen und werden an einem Unterrichtsbaustein exemplarisch konkretisiert. Abschließend wird in Form eines Ausblicks noch einmal die Frage beleuchtet, wie ein Religionsunterricht gestaltet werden kann, der Jungen *und* Mädchen fördert.

»Reli für Jungs ist schwierig.« Diese Erfahrung machen viele Kolleginnen und Kollegen. Wer sich auf die konkreten Jungen in seinen Klassen einlässt, auf ihre Bedürfnisse und ihre Zugangsweisen zum Fach Religion, wird aber hoffentlich immer wieder auch eine andere Erfahrung machen: Reli für Jungs ist herausfordernd, spannend und ungemein lebendig. Das vorliegende Buch möchte Anregungen dazu geben, wie Lehrkräfte den Religionsunterricht so vorbereiten und gestalten können, dass sie gemeinsam mit ihren Schülern möglichst oft diese zweite Erfahrung machen können.

2. Jungen und Schule: Etappen der Diskussion

Welche Art von Schule, welche Art von Unterricht brauchen Jungen um gut lernen zu können? Was und wie sollen sie lernen? Worauf müssen Lehrerinnen und Lehrer achten, wenn sie Jungen unterrichten? Diese Fragen stellen sich nicht nur für Religionslehrerinnen und Religionslehrer, sondern für Lehrkräfte aller Fächer. Sie sind zunächst einmal keine spezifisch religionspädagogischen Fragestellungen, sondern pädagogische Grundsatzfragen.

Bevor also der Religionsunterricht als einzelnes Fach in den Blick kommt, lohnt sich ein Blick auf die Schule insgesamt. Das folgende Kapitel gibt einen kurzen Überblick darüber, welche Rolle die Kategorie »Junge« in der pädagogischen Diskussion der letzten Jahrzehnte gespielt hat und bis heute spielt. Die Frage, wie Jungen in der Diskussion um die Gestaltung schulischen Lebens und schulischer Lernprozesse wahrgenommen werden, ist dabei eng verknüpft mit der Frage, welches Bild von Männern und Männlichkeit grundsätzlich in der Gesellschaft vorherrschend ist. Unmittelbar verbunden ist damit jeweils auch die Frage nach dem entsprechenden Frauenbild und – sich daraus ergebend – nach der Stellung der Mädchen in der Schule. Diese doppelte Wechselwirkung zwischen Schule und Gesellschaft sowie zwischen Mädchenperspektive und Jungenperspektive macht es nötig, im folgenden Überblick zum Thema *Jungen und Schule* immer auch einen Blick auf gesellschaftliche Rollenvorstellungen für Männer und Frauen sowie auf Mädchen in der Schule zu werfen.

Die Diskussion um Jungen in der Schule verläuft nicht einlinig-chronologisch. Die verschiedenen Strömungen lösen einander nicht einfach ab, sondern bestehen teilweise nebeneinander weiter. Überzeugungen und Grundannahmen früherer Phasen finden auch heute noch verbreitet Zustimmung oder erleben in bestimmten

Kreisen sogar eine Renaissance. Der folgende Überblick[1] orientiert sich daher nur grob an der Chronologie der Diskussion. Er stellt die wichtigsten Denkrichtungen kurz vor. Er versucht plastisch zu machen, um welche grundsätzlichen Fragen die Diskussion kreist. Differenzierungen innerhalb der einzelnen Denkrichtungen bleiben deshalb in der Regel unberücksichtigt. Sie können bei Interesse in der angegebenen Literatur nachvollzogen werden. In einem eigenen Abschnitt wird abschließend bedacht, welche konkreten Schlussfolgerungen für die Konzeption eines jungengerechten Religionsunterrichts gezogen werden können.

2.1 Mädchen sind mitgemeint, Jungen auch: Von der Geschlechterhierarchie zur übergangenen Geschlechterdifferenz

Seit dem Zeitalter der Aufklärung war in Deutschland bis ins 20. Jahrhundert hinein die Vorstellung leitend, Männer und Frauen in Differenz zueinander zu bestimmen. Zwischen beiden Geschlechtern wurden wesensmäßige, naturgegebene Unterschiede angenommen, wobei das Wesen der Frau nur abgeleitet vom Wesen des Mannes und als diesen ergänzend in den Blick kam.

Männer galten in diesem Denken als vernunftbestimmt, sachorientiert und auf das öffentliche Leben gerichtet. Frauen galten als emotional, beziehungsorientiert und auf Haus und Familie ausgerichtet. Frauen sollten dabei die vermuteten Defizite der Männer ausgleichen und so den Fortbestand der Gesellschaft mit sichern.

Diese dichotomische Auffassung der Geschlechter hatte auf das schulische Leben massiven Einfluss: Schulbildung, insbesondere höhere Schulbildung, sowie Berufsausbildung galten für Mädchen zunächst in der Regel als nicht notwendig.

Dies änderte sich im Laufe des 19. und 20. Jahrhunderts zunehmend. Die allgemeine Schulpflicht galt auch für Mädchen, der Unterricht fand seit 1945 überwiegend koedukativ statt. Die Phase expliziter Differenz der Geschlechter bei Überordnung des männlichen

---

[1] Vgl. zum folgenden Kapitel vor allem die Übersicht bei Prengel 2006, S. 96–138, ferner die Übersichten bei Knauth 2009a und Matthiae 2009.

Geschlechts wurde abgelöst von einer Phase, in der – in Schule wie Gesellschaft – die Differenz der Geschlechter übergangen wurde. War in Lehrplänen und Schulbüchern von »Schülern« die Rede, so waren damit jeweils Kinder und Jugendliche beiderlei Geschlechts gemeint. Analog zum gesellschaftlichen Sprachgebrauch wurde die männliche Sprachform für beide Geschlechter verwendet. Dies führte zum einen dazu, dass Mädchen und Frauen sprachlich unsichtbar gemacht wurden, was später von der feministischen Pädagogik zu Recht massiv kritisiert wurde. Zum anderen aber, und das wurde in der Diskussion bislang kaum beachtet, führte diese Sprachregelung und die dahinter stehende Auffassung von den Geschlechtern dazu, dass auch die Jungen in der Schule nicht *als Jungen* in den Blick kamen, sondern als geschlechtslose Wesen, die sich in ihren Bedürfnissen und Eigenarten im Prinzip nicht von Mädchen unterscheiden. Die Pädagogik war so einerseits androzentrisch und damit verschlossen für die besonderen Erfahrungen und Sichtweisen von Mädchen und Frauen. Die männliche Sicht wurde in Pädagogik und Schule unreflektiert generalisierend eingebracht und damit als für Menschen allgemein unabhängig vom jeweiligen Geschlecht geltend angesehen. Genau dadurch aber waren Pädagogik und Schule auch blind für jungenspezifische Fragen und Themen, weil Jungen eben *als Jungen* überhaupt nicht in den Blick kamen.

2.2 Jungen unter Sexismus-Verdacht: Antisexistische Jungenpädagogik

Mit dem Aufkommen der zweiten Phase der Frauenbewegung in den Sechzigerjahren des 20. Jahrhunderts wurde deutlich, dass dieser Ansatz, der die Kategorie »Geschlecht« ausblendet, das tatsächliche Verhältnis der Geschlechter zueinander verschleiert. Der nach wie vor selbstverständlich vorausgesetzte, vermeintlich natürliche Unterschied zwischen den Geschlechtern und die damit verbundene vermeintlich natürliche Aufgaben- und Machtverteilung in der Gesellschaft wurden als Illusion entlarvt. Entscheidend wurde dabei die Unterscheidung zwischen *sex*, dem biologischen Geschlecht, und *gender,* dem gesellschaftlich-kulturellen Geschlecht, in dem Männern und Frauen je bestimmte Verhaltensweisen und Eigenschaften zugeschrieben werden. Im Gegensatz zu *sex* galt *gender* als nicht naturgegeben und damit als veränderbar.

Im schulischen Bereich kamen in dieser Phase erstmals die Mädchen explizit in den Blick. Der Androzentrismus der vorherrschenden Pädagogik wurde sichtbar gemacht. Alltägliche Benachteiligungen der Mädchen im Schulalltag wurden analysiert und Strategien entwickelt um Mädchen gezielt zu fördern und ihnen gleiche Bildungschancen zu ermöglichen.

Jungen waren in dieser Phase der pädagogischen Diskussion kaum im Fokus, wenn überhaupt, dann im Gegenüber zu den Mädchen als das gesellschaftlich bevorzugte Geschlecht, das überkommene Rollenmuster ablegen muss.[2] Erste Ansätze einer Jungenpädagogik orientierten sich entsprechend an der feministischen Pädagogik und versuchten mit Jungen an der Überwindung sexistischer Muster und Verhaltensweisen zu arbeiten und sie für das Anliegen der Gleichberechtigung der Mädchen zu sensibilisieren. Ihrem eigenen Selbstverständnis nach bot die antisexistische Jungenpädagogik »Hilfestellung für Jungen auf der Suche nach einer männlichen Identität, die nicht die Unterdrückung des anderen Geschlechts benötigt«.[3]

So sinnvoll das Ziel dieser ersten Phase der Jungenpädagogik war, einen Beitrag zur Überwindung ungerechter gesellschaftlicher Geschlechterverhältnisse zu leisten, so problematisch war die Tatsache, dass Jungen in dieser Perspektive zumindest implizit durchweg als potenzielle Sexisten und Unterdrücker in den Blick kamen. Eine wertschätzende Haltung den Jungen, ihren Bedürfnissen und Eigenarten gegenüber war damit zumindest erschwert.[4]

---

2 Sehr schön kommt dies z. B. im Titel des Abschlussberichts zu einem Projekt der Heimvolkshochschule Alte Molkerei Frille zum Ausdruck: »Parteiliche Mädchenarbeit & antisexistische Jungenarbeit« (Book/Ottemeier-Glücks/Sander/Swoboda 1988).
3 Ebd., S. 77.
4 Auch innerhalb der antisexistischen Jungenpädagogik war bald strittig, ob der Begriff »antisexistisch« zur Charakterisierung des eigenen Ansatzes hilfreich ist. Vgl. Karl/Ottemeier-Glücks 1997.

2.3 Jungen mit integrierten weiblichen Anteilen: Geschlechtsintegrierende Ansätze

In einer ersten Phase hatte die feministische Bewegung vor allem um Gleichberechtigung für Frauen in allen gesellschaftlichen Bereichen gekämpft und somit die grundlegende Gleichheit der Geschlechter betont. Bald jedoch wurde in der feministischen Diskussion die Frage neu aufgeworfen, ob es auch typisch weibliche Eigenschaften und Verhaltensweisen gibt, die Frauen zu eigen sind und die sie im gesellschaftlichen wie im privaten Bereich einbringen können. Daraus entwickelten sich zwei gegensätzliche Denkbewegungen. Zum einen führte die Diskussion zu einer Wiederentdeckung der Geschlechterdifferenz (s. u.). Zum anderen entwickelten sich umgekehrt androgyne Tendenzen. Hier zielte die Suche nach typisch weiblichen Eigenschaften darauf, dass Männer wie Frauen sowohl typisch männliche als auch typisch weibliche Züge in sich vereinen. In Aufnahme von C.G. Jungs Archetypenlehre wurden Frauen aufgefordert, ihre männlichen Anteile *(animus)* zu integrieren, Männer umgekehrt ihre weiblichen Anteile *(anima)*. Das Ideal waren tendenziell geschlechtsneutrale Menschen.

In der populären Theologie, insbesondere in den Schriften von Franz Alt, wurde diese Sichtweise breit kommuniziert.[5] Jesus wurde hier zum Inbegriff des neuen Manns, der »seine ›Anima‹, seine weiblichen Seelenanteile, entdeckt und lebt.«[6]

Für die Pädagogik bedeutete dies, dass Mädchen und Jungen gezielt ermutigt wurden, geschlechtsuntypische Verhaltensweisen und Interessen an den Tag zu legen. Dies führte einerseits zu einer Erweiterung möglicher Lebensweisen für Mädchen wie für Jungen, im Blick auf grundlegende Verhaltensweisen ebenso wie im Blick auf bevorzugte Schulfächer und Hobbies, im Blick auf berufliche Perspektiven ebenso wie im Blick auf angestrebte Rollenübernahmen in Familie und Gesellschaft. Andererseits jedoch wurden dieser Freiheit auch deutliche Grenzen gesetzt, indem als Leitbild eine Balance typisch männlicher und typisch weiblicher Elemente unterschiedslos

---

5   Vgl. vor allem Alt 1989.
6   Ebd., S. 15.

für alle Jungen und Mädchen vorgegeben wurde. Jede individuelle Akzentsetzung außerhalb dieser Balance galt tendenziell als defizitär.

2.4 Jungen als Bildungsverlierer: Defizitorientierte Jungenpädagogik

Spätestens mit dem Pisa-Schock setzte im Blick auf die Jungen in der Schule eine neue Phase der Diskussion ein, die insbesondere in den Medien und in populärwissenschaftlichen Veröffentlichungen intensiv geführt wurde.[7]

Erstmals standen nun die Jungen im Brennpunkt der Diskussion. Sie galten als die eigentlichen Bildungsverlierer, die im System Schule massiv benachteiligt werden. Unterrichtsthemen, Methoden und Schulkultur, so die These im Gefolge der ersten Pisa-Studie, sprechen in erster Linie Mädchen mit ihren speziellen Vorlieben und Fähigkeiten an. Jungen hingegen kommen mit ihren Zugängen nicht zum Zug und werden vor allem als Störung im Schulablauf wahrgenommen. Die steigende Zahl von weiblichen Lehrkräften an allen Schularten, insbesondere aber im Grundschulbereich, verstärkt nach dieser Sichtweise das Problem der Jungen noch, finden sie doch in der Schule fast keine gleichgeschlechtlichen Erwachsenen mehr, an denen sie sich orientieren können.

Der kritische Blick auf den Schulalltag verband sich dabei mit einem ebenso kritischen Blick auf die Schulleistungen der Jungen. Ihnen wurden – im Gegensatz zu den Mädchen – massive Schwächen vor allem im kommunikativen und sprachlichen Bereich attestiert. Als Konsequenz wurde gefordert, Jungen gezielt zu fördern und sich stärker um männliche Bezugspersonen im Schulalltag zu bemühen.

So begrüßenswert das Anliegen in dieser Phase der Diskussion war, die Bedürfnisse von Jungen in die Gestaltung des schulischen Lebens einzubringen, so problematisch waren vielfach die konkreten Impulse. Jungen erschienen hier als eine homogene Gruppe von tendenziell unterentwickelten und bemitleidenswerten Menschen,

---

7   Vgl. z. B. Beuster 2006; einen ähnlichen Ansatz, allerdings mit sehr differenzierter Argumentation, vertritt Allan Guggenbühl (vgl. Guggenbühl 2008; Guggenbühl 2011).

die schwächlich und hilfsbedürftig sind. Abgesehen von der grundlegenden Problematik, dass mit solch einem Jungenbild eine wertschätzende und ressourcenorientierte Arbeit mit Jungen nur schwer möglich sein dürfte, verdanken sich die Anregungen dieser Diskussionsphase einer sehr holzschnittartigen Wahrnehmung der Pisa-Ergebnisse. So wurde insbesondere nicht zur Kenntnis genommen, dass es innerhalb der Gruppe der Jungen (wie auch der Mädchen) eine große Spannbreite im Blick auf die Leistungsergebnisse gibt.[8] »Die Jungen« wurden vielmehr – die differenzierten Ergebnisse der Pisa-Studie ignorierend – als monolithischer Block im Schulalltag wahrgenommen, der dem Block »der Mädchen« gegenüberstand.

2.5 Jungen und die neu entdeckte Männlichkeit: Pädagogik der Geschlechterdifferenz

Gab es schon im feministischen Diskurs nach einer ersten Phase mit dem Hauptziel der Gleichstellung eine zweite Phase, in der Unterschiede zwischen Männern und Frauen betont wurden, so erreichte diese Denkfigur zeitversetzt auch die Männerbewegung. Vor allem in populärwissenschaftlichen Veröffentlichungen wurde hier die These von einem wesensmäßigen Unterschied der Geschlechter vertreten und klassische männliche Eigenschaften als archetypisch im Mann verankert angesehen. Insbesondere die Archetypen des Kriegers, des Liebhabers, des Königs und des Magiers galten hier als männliche Urbilder, die es zu entdecken und zu leben gelte. Eigens entwickelte Initiationsriten, die sich an klassischen Initiationsriten orientieren, sollten Männer dabei unterstützen sich auf den Weg zu wahrer Männlichkeit zu begeben. Diese neue Männerbewegung hatte häufig großes Interesse an Spiritualität und wurde durch kirchlich engagierte Autoren wie den US-amerikanischen Franziskanerpater Richard Rohr[9] maßgeblich mit geprägt. Dadurch war und ist ihr Einfluss auf die kirchliche Männerarbeit recht groß. Auch in die kirchliche Jugend- und Jungenarbeit haben ihre Gedanken vielfach Eingang gefunden.

---

8   Vgl. hierzu Diefenbach 2008.
9   Vgl. Rohr 2005.

Für die pädagogische Arbeit mit Jungen betonte dieser Ansatz die Notwendigkeit, männliche Eigenschaften und Verhaltensweisen gezielt zu fördern und junge Männer zu initiieren, d. h. ins Leben eines Mannes einzuführen. Die wahrgenommene Feminisierung der Schullandschaft wurde in diesem Zusammenhang als großes Problem gesehen.[10]

Die Impulse dieser mythopoetischen Männerbewegung sind in ihren konkreten Ausführungen teilweise anregend, weil sie Möglichkeiten zuspielen mit Hilfe von Mythen, Symbolen und Ritualen neue Aspekte von Männlichkeit zu entdecken und zu gestalten. In seiner theoretischen Grundlegung ist dieser Ansatz jedoch problematisch: Die Unterschiede zwischen den Geschlechtern werden hier biologistisch in der vermeintlichen Natur von Männern und Frauen verortet und traditionelle männliche Rollenvorstellungen damit neu zur Norm erhoben, weil sie vermeintlich dem Wesen des Mannes entsprechen.

Im Blick auf die Spiritualität dieser mythopoetischen Männerbewegung fällt eine große Nähe zu naturreligiösen Vorstellungen auf, die für den christlichen Glauben zumindest problematisch sind.

2.6 Junge sein als überwindbare Kategorie: Radikal-konstruktivistische Pädagogik

Gegen diese biologistischen Vorstellungen eines wesensmäßigen Unterschieds zwischen Mann und Frau hat die konstruktivistische Sozialwissenschaft und Pädagogik massiv Einspruch erhoben. In Abgrenzung zu den oben dargestellten differenzorientierten Zugängen zur Geschlechterthematik wurde nun in radikal-konstruktivistischer Perspektive der Sinn der Einteilung der Menschen in die zwei Klassen »männlich« und »weiblich« grundsätzlich in Frage gestellt.[11] Hierzu wurden einerseits Erkenntnisse aus der Biologie angeführt, die belegen, dass bei einer beträchtlichen Zahl von Menschen das Geschlecht bei der Geburt nicht zweifelsfrei feststeht.[12] Andererseits

---

10 Vgl. z. B. Biddulph 2003.
11 Wichtig sind hier vor allem die Arbeiten von Judith Butler (vgl. Butler 1991).
12 Vgl. den Überblick bei Karle 2006, S. 92–95.

wurde die kulturelle Prägung und Überformung von Geschlechternormen herausgearbeitet. Die Unterscheidung zwischen *sex* und *gender* aus früheren Diskussionsphasen wurde hierbei aufgenommen und dahingehend radikalisiert, dass es überhaupt kein biologisches Geschlecht *(sex)* unabhängig von gesellschaftlichen Konstruktionen *(gender)* gibt. Scheinbar biologisch festliegende Unterschiede zwischen den Geschlechtern wurden als kulturell zugeschriebene Eigenschaften interpretiert, die Menschen von frühester Kindheit an »lernen« und die wiederum die biologische Entwicklung beeinflussen.

Im Blick auf die Pädagogik ergab sich aus diesem Ansatz eine grundlegende Skepsis gegenüber allen Zugängen, die die Differenz zwischen den Geschlechtern fortzuschreiben versuchen. Als Aufgabe erzieherischen Handelns wurde es vielmehr angesehen, Jungen und Mädchen von – grundsätzlich als repressiv empfundenen – Geschlechternormen zu befreien.

Der radikal-konstruktivistische Blick auf die Geschlechterthematik ermöglicht durch seinen kritischen Blick auf scheinbar selbstverständliches Alltagswissen einen neuen Umgang mit scheinbar feststehenden Geschlechterrollen. Indem er nachweist, dass die Rollen von Jungen und Mädchen prinzipiell auch ganz anders beschrieben werden könnten als es gegenwärtig die Regel ist, regt er dazu an, Kinder und Jugendliche nicht auf Rollenerwartungen festzulegen und nicht in gesellschaftliche Konventionen hineinzuzwängen, sondern ihnen vielmehr Freiraum zur individuellen Entwicklung jenseits und zwischen den Polen »männlich« und »weiblich« zu ermöglichen.

Kritisch zu fragen bleibt, ob eine solch radikale Infragestellung sämtlicher gesellschaftlicher Konventionen im Blick auf Geschlechterrollen Kindern und Jugendlichen dabei helfen kann ihre eigene Geschlechterrolle zu entwickeln oder ob der überaus große Freiraum, der hier ausgespannt wird, nicht eher überfordernd als ermutigend wirkt. Zu fragen bleibt weiter, ob in dieser Perspektive noch Wertschätzung für Menschen möglich bleibt, die – in aller Freiheit – innerhalb der Bahnen traditioneller Geschlechterrollen leben möchten. Schließlich bleibt als offene Frage, ob in diesen Zugängen biologische Einflüsse auf die Lebensgestaltung zumindest tendenziell unterbewertet werden.

2.7 Junge sein im Plural: Pädagogik der Vielfalt

Noch einmal neue Bewegung kam in die Diskussion um Geschlechterrollen, als die Frage nach dem Geschlecht mit weiteren gesellschaftlichen Differenzierungen wie Ethnie, Kultur und Religion in Verbindung gebracht wurde. Dadurch ergab sich ein differenzierteres Bild, insofern deutlich wurde, dass sich z. B. Männer und Frauen aus gehobenen Milieus in Deutschland im Blick auf ihre Lebensstile und ihre Möglichkeiten in der Regel weniger voneinander unterscheiden als Männer aus diesem Milieu und Männer aus prekären Milieus oder Männer aus anderen Ländern und Kulturkreisen. So wurde deutlich, dass das Geschlecht nur *ein* Kriterium der gesellschaftlichen Differenzierung ist, das mit anderen Kriterien in Wechselwirkung steht.

Die kritische Männerforschung arbeitete dementsprechend heraus, dass es Männlichkeit gegenwärtig nur im Plural gibt und dass diese heute gelebten Männlichkeiten sehr unterschiedlich und spannungsvoll aufeinander bezogen sind.[13]

Für die Pädagogik ergab sich daraus die Aufgabe, solche gesellschaftlichen Differenzen sensibel wahrzunehmen und Freiräume zur Verschiedenheit bei prinzipieller Chancengleichheit zu ermöglichen. Dies führte zum Konzept einer »Pädagogik der Vielfalt«, indem insbesondere gendersensibles Lernen, interkulturelles Lernen und inklusives Lernen miteinander verbunden wurden.[14]

Im Blick auf das Lernen von Jungen und Mädchen ergab sich hier eine neue Sensibilität für traditionelle Rollenerwartungen. Diese sollten aufgebrochen werden um vielfältige Formen des Junge- und Mädchenseins zu ermöglichen.[15] Entscheidend waren auch hier die beiden Aspekte, um Verschiedenheit zu fördern und gleichzeitig gleiche Rechte und Chancen für die Verschiedenen zu gewährleisten.

---

13 Besonders einflussreich war und ist hier Robert Connells Konzept der »hegemonialen Männlichkeit« (vgl. Connell 2000, vor allem S. 87–107). Vgl. zum Überblick über die kritische Männerforschung Meuser 2006.
14 Bahnbrechend waren hier die Arbeiten von Annedore Prengel (vgl. Prengel 2006).
15 Vgl. z. B. das Variablenmodell »balanciertes Jungesein« von Reinhard Winter und Gunter Neubauer (Winter/Neubauer 2002); vgl. zur Pädagogik der Vielfalt im Blick auf Jungen und Religionsunterricht Knauth 2009a.

Das Konzept der Pädagogik der Vielfalt wurde sowohl in der pädagogischen Diskussion als auch im Blick auf die konkrete Gestaltung der Schullandschaft einflussreich. Die Förderung von Vielfalt und Chancengleichheit in Bezug auf Geschlechterrollen, kulturelle Lebensformen und Inklusion gehören inzwischen – zumindest theoretisch – zum Standard pädagogischen Arbeitens.

2.8 Jungen und Schule: Schlussfolgerungen

Der kurze Durchgang durch die pädagogische Diskussion hat gezeigt, wie unterschiedlich die Frage nach einem angemessenen Umgang mit Jungen in der Schule beantwortet wird. Die Differenzen kreisen dabei um zwei Fragestellungen, die miteinander zusammenhängen: Zum einen die Frage, inwieweit Geschlechterrollen und geschlechtertypisches Verhalten durch biologische Anlagen geprägt sind, zum anderen, welche Rollenzuschreibungen und Rollenerwartungen im Blick auf Jungen sachlich angemessen und hilfreich sind.

Die neuere pädagogische Diskussion neigt dazu, Geschlecht als soziale Konstruktion zu begreifen und biologische Einflüsse eher niedrig zu gewichten, m. E. mit schlüssigen Argumenten. Wie auch immer man das Verhältnis zwischen biologischen und sozialen Faktoren bei der Ausbildung von Geschlechterrollen genau gewichtet, es bleibt in jedem Fall festzuhalten, dass Geschlechterrollen in hohem Maße kulturell konstruiert werden und damit zu einem großen Teil erlernt sind. Sie sind daher grundsätzlich veränderbar, auch wenn biologische Unterschiede bestimmte Verhaltensausprägungen bei Jungen eher wahrscheinlich machen als bei Mädchen und umgekehrt.

Dies bestätigt aus Sicht der Hirnforschung auch Gerald Hüther. Er spricht davon, dass bei den Ausprägungen männlicher Verhaltensweisen kulturelle und biologische Faktoren in Wechselwirkung miteinander stehen und insbesondere die Struktur des Gehirns – gerade in ihrer geschlechtsspezifischen Ausprägung – durch bestimmte Verhaltensmuster geprägt wird und diese zugleich wieder bedingt:[16]

---

16 Vgl. Hüther 2009, vor allem S. 52–85.

> Alles, was im Verlauf der menschlichen Entwicklung auf der biologischen Ebene abläuft, wird durch die jeweils herrschenden geistigen, kulturellen und sozialen Gegebenheiten beeinflusst, ermöglicht und in bestimmte Richtungen gelenkt. Und umgekehrt werden auch alle geistigen, kulturellen und sozialen Entwicklungen von diesem »biologischen Substrat« beeinflusst, ermöglicht und in eine bestimmte Richtung gelenkt, durch diese »biologische Matrix«, die bis dahin in Form bestimmter neuronaler Verschaltungsmuster im Gehirn dieser kleinen Jungs entstanden ist bzw. herausgeformt werden konnte.[17]

Da nicht nur die inhaltliche Ausgestaltung der Zweigeschlechtlichkeit kulturell geformt ist, sondern – zumindest in hohem Maße – auch die bipolare Einteilung der Menschen in die Klassen »männlich« und »weiblich« selbst, ist – wiederum zumindest prinzipiell – eine große Vielfalt an Rollenausprägungen zwischen diesen beiden Polen möglich.

Mit diesen Erkenntnissen ist nun allerdings noch nichts darüber gesagt, ob eine Verflüssigung starrer Rollenzuweisungen hin auf größtmögliche Vielfalt wünschenswert, notwendig oder vielleicht sogar schädlich ist.

Der Religionsunterricht als Unterricht im christlichen Glauben ist aufgefordert diese Frage im Rückgriff auf die für ihn maßgebliche Tradition zu klären. Deshalb wird im folgenden Kapitel die Frage beleuchtet, wie die gängigen Geschlechtertypologien im Licht der biblischen Tradition zu beurteilen sind.

---

17 Ebd., S. 74.

3. Mann und Frau: Biblisch-theologische Überlegungen

Welches Bild von Männern und Frauen zeichnet die biblische Tradition? Wie bestimmt sie das Verhältnis der Geschlechter zueinander?

3.1 Geschaffen als Mann und Frau: Gen 1–3

Die Schöpfungsgeschichte (Gen 1–3) galt und gilt vielfach als klassische biblische Belegstelle um nachzuweisen, dass Frauen und Männer wesensmäßig verschieden sind und von der Schöpfung her unterschiedliche Rollen wahrzunehmen haben.

Neuere exegetische Erkenntnisse machen jedoch deutlich, dass bei dieser Lesart vielfach neuzeitliche Grundannahmen in die biblischen Texte hineingelesen werden.[1] Die biblischen Schöpfungstexte enthalten demgegenüber viel kritisches Potenzial im Hinblick auf klassische Geschlechtskonstruktionen der Gegenwart.

So gilt es zunächst festzuhalten, dass beide Schöpfungsberichte – entgegen landläufiger Auffassung – nicht die Differenz der Geschlechter, sondern vielmehr ihre große Ähnlichkeit betonen. Im zweiten Schöpfungsbericht wird dies an zahlreichen Details deutlich. So ist der erste Mensch (hebräisch: *adam*) zunächst ein geschlechtsloses Wesen, das aus Erde (hebr.: *adama*) gemacht ist. Erst in dem Moment, als Gott dem sich einsam fühlenden Menschen einen zweiten Menschen zur Seite stellt, werden beide zu geschlechtlichen Wesen, nämlich zu Mann (hebr.: *isch*) und Frau (hebr.: *ischah*). Die sprachliche Ähnlichkeit von *isch* und *ischah* entspricht der Wesensverwandtschaft, die die Erzählung zum Ausdruck bringt: Der zweite Mensch ist aus der Seite des ersten genommen, was diesen zu einem entzückten Aufschrei über die wahrgenommene Ähnlichkeit veranlasst. *Isch* und *ischah* erleben sich in der zweiten Schöpfungsge-

---

[1] Vgl. zum Folgenden Baumann 2004; Karle 2006, S. 201–227; Schüngel-Straumann 1998; Zenger 1996.

schichte gerade nicht als verschieden, sondern als ungemein ähnlich und aufeinander bezogen.

Auch im ersten Schöpfungsbericht werden Mann und Frau nicht als Gegensätze vorgestellt. Die Begriffe »männlich« und »weiblich« dienen in Gen 1,27 vielmehr zur Präzisierung der Gottebenbildlichkeit. Sie wird nicht nur einem einzelnen oder einigen wenigen Menschen zugesprochen, sondern allen Menschen beiderlei Geschlechts. »Männlich« und »weiblich« steht für die Gesamtheit der Menschheit, die – anders als in anderen altorientalischen Kulturen – als Ganze den Auftrag erhält, an Gottes Statt als sein Ebenbild Verantwortung für die Schöpfung zu übernehmen.

Von Rollenzuschreibungen an die Geschlechter weiß der erste Schöpfungsbericht nichts. Im zweiten Schöpfungsbericht werden Rollenzuschreibungen erst als Folge des Sündenfalls benannt. Ist die Frau in Gen 2 noch die Hilfe des Mannes und damit gleichrangig,² wird sie in Gen 3 als Folge des Falls dem Mann untergeordnet. Eine hierarchische Geschlechterordnung ist somit nicht in der guten Schöpfung Gottes angelegt, sondern vielmehr Teil der gefallenen, von der Sünde dominierten Welt.³

3.2 Eins in Christus: Gal 3,28

Bringen somit die Schöpfungstexte der Genesis die Gleichwertigkeit und Ähnlichkeit der Geschlechter zum Ausdruck, so geht Paulus im Galaterbrief noch weiter und formuliert Gedanken, die »soziale und politische Implikationen von geradezu revolutionärer Tragweite haben«.⁴ In Aufnahme einer Taufformel erklärt er in Gal 3,28

---

2   Das im Hebräischen verwendete Wort »bedeutet nicht eine untergeordnete Hilfe im Sinne einer Dienstmagd, sondern geradezu eine besonders *qualifizierte* Hilfe« (Schüngel-Straumann 1998, S. 4; Hervorhebung im Original). Mit diesem Wort wird im Alten Testament häufig die Hilfe bezeichnet, die Gott den Menschen zukommen lässt.
3   Erich Zenger bemerkt zur Grundintention von Gen 2–3: »Eigentlich müsste die Erzählung von rückwärts her gelesen werden. Sie beschreibt in Gen 3 den Ist-Zustand und konfrontiert ihn mit dem Soll-Zustand, der in Gen 2 gezeichnet wird« (Zenger 1996, S. 31).
4   Betz 1988, S. 334; vgl. zum Folgenden ebd., S. 320–353; Kahl 1998; Karle 2006, S. 227–236.

die Unterschiede zwischen Menschen in Christus für aufgehoben: Ethnische (Juden und Griechen), soziale (Sklaven und Freie) und geschlechtliche (männlich und weiblich) Differenzen zwischen den Menschen haben in Christus keine bestimmende Bedeutung mehr, sie sind sozusagen durch die Taufe nichtig geworden. Die christliche Gemeinschaft wird somit von Paulus als eine Gemeinschaft beschrieben, in der Unterschiede zwischen den Menschen in einer höheren Einheit aufgehoben sind und damit ihren trennenden Charakter verloren haben. In all ihrer Vielfalt sind Christinnen und Christen damit untereinander verbunden und einander gleichgeordnet.»Christus wird zur ›Keimzelle‹ einer pluralen Gemeinschaft der Abrahamskinder, die die Grenzen der alten nationalen, religiösen, sozialen und Geschlechteridentitäten übergreift«.[5] Für das Verhältnis der Geschlechter bedeutet dies, dass auch sie ihren bestimmenden Charakter für das Zusammenleben von Menschen verloren haben und in ihrer Bedeutung – wiewohl noch vorhanden – hinter der in Christus gestifteten Einheit zurücktreten.

3.3 Männergestalten in der Bibel

Werfen wir einen Blick auf die Männergestalten, von denen die Bibel erzählt, so wird eine große Vielfalt sichtbar. Was ein Mann ist, welche Eigenschaften er hat und wie er sich verhält, das wird in der Bibel höchst unterschiedlich beschrieben. Erzählt wird von Männern, die für eine bedeutsame Sache kämpfen, sei es mit Waffen *(Gideon)* oder mit Worten *(Amos)*, und von solchen, die Unrecht gewaltlos erdulden *(Jeremia)*. Berichtet wird von grausamen Gewalttaten *(David)* und großen Versöhnungsgesten *(Esau)*. Vorgestellt werden fürsorgliche Familienväter *(Jakob)* und überzeugte Singles *(Paulus)*. Es gibt Männer, die ihre Stärke offen zur Schau stellen *(Saul)* und solche, die ihre Schwächen offen zeigen *(Petrus)*. Es gibt leidenschaftliche Mahner *(Johannes der Täufer)* und nachdenkliche Grübler *(Kohelet)*.

Männlichkeit gibt es also auch in der Bibel nur im Plural. Von festgelegten Rollenerwartungen oder Rollenzuschreibungen kann keine Rede sein. Die in der Bibel gezeigten Männer leben ihr Leben

---

5 Kahl 1998, S. 607.

vielmehr höchst individuell und zeigen eine große Bandbreite von männlichem Verhalten. Dem korrespondiert ein ungemein vielfältiges Bild von biblischen Frauengestalten, die sich ebenfalls nicht auf bestimmte Rollenmuster festlegen lassen. Auch in den konkreten Lebensgeschichten nimmt die Bibel also ernst, was sie grundsätzlich sagt: dass nämlich die Ähnlichkeit der Geschlechter bedeutender ist als ihre Differenz, dass die Unterschiede in Christus ihre bestimmende Bedeutung verloren haben, dass schließlich Vielfalt bei gleichzeitiger Gleichwertigkeit vor Gott möglich und gewollt ist.

3.4 Bilanz

Der kurze Gang durch die Bibel hat gezeigt, dass die biblische Überlieferung keineswegs eine starre zweigeschlechtliche Ordnung mit festen Rollenzuschreibungen zur Norm erhebt. Im Gegenteil ist in den biblischen Texten eine große Vielfalt an Männlichkeiten (und Weiblichkeiten) zu finden. Für Christinnen und Christen ist zudem mit der Taufe die Einteilung der Menschen in Männer und Frauen insgesamt in Christus überholt und in einer höheren Einheit aufgehoben.

Im Horizont der biblischen Überlieferung kommt damit dem Religionsunterricht die Aufgabe zu, Schülerinnen und Schüler nicht auf stereotype Rollenmuster einzuengen, sondern ihnen vielmehr Freiraum zu gewähren, innerhalb der Vielfalt möglicher Männlichkeiten und Weiblichkeiten ihren eigenen Weg zu finden. Zugleich soll der Religionsunterricht die entgrenzende Dimension des christlichen Glaubens verdeutlichen, die Unterschieden zwischen Menschen ihren trennenden Charakter nimmt und sie in Christus als überwunden glaubt.

Eine Pädagogik der Vielfalt kann somit an grundlegende Überzeugungen des christlichen Glaubens anschließen und sie im Unterricht zur Geltung bringen. Wie dies konkret geschehen kann und wie dabei besonders Jungen in den Blick zu nehmen sind, wird im nächsten Kapitel skizziert.

4. Jungengerechter Religionsunterricht und Religionspädagogik der Vielfalt: didaktische Grundlinien

Wie muss ein Religionsunterricht aussehen, der Jungen gerecht wird? Der Gang durch die pädagogische Diskussion und durch die biblischen Texte führt in ein Dilemma: Einerseits haben Jungen, wenn sie in die Schule kommen, schon längst »gelernt«, wie sich ein richtiger Junge verhält und wofür er sich interessiert. Kommen sie nun mit diesem »Wissen« in den Religionsunterricht, merken sie in der Regel schnell, dass Themen, Methoden und Unterrichtsatmosphäre sich deutlich von dem unterscheiden, was nach gängigen Rollenzuschreibungen für Jungs interessant zu sein hat. Dementsprechend folgerichtig sortieren sie den Religionsunterricht als »Mädchenfach« ein und erachten ihn als für Jungen irrelevant.[1] Will man sie für den Religionsunterricht interessieren, kommt man deshalb nicht umhin, Methoden und Inhalte so zu wählen, dass sie für Jungen mit ihrem gelernten Rollenverständnis anschlussfähig sind.

Genau dadurch aber läuft man andererseits Gefahr, gängige Rollenklischees zu bestätigen und damit zu stärken. Ein Aufbrechen genderspezifischer Festschreibungen wird dadurch verhindert und Vielfalt kann sich gerade nicht entwickeln.

Gendersensibler Religionsunterricht bewegt sich somit auf einem Grat. Er hat einerseits Themen und Methoden zu wählen, die gän-

---

1 Es gibt meines Wissens bislang keine empirischen Untersuchungen, die gezielt danach fragen, ob es zwischen Jungen und Mädchen Unterschiede im Blick auf die Wahrnehmung und die Akzeptanz des Religionsunterrichts gibt. Die Untersuchungen von Dan-Paul Jozsa, Thorsten Knauth und Wolfram Weiße (vgl. Jozsa 2009; Knauth 2009b; Jozsa/Knauth/Weiße 2009) zu Religion und Religionsunterricht bei Jugendlichen zeigen jedoch, dass Mädchen im Durchschnitt der Religion höhere Alltagsrelevanz zubilligen, häufiger religiöse Praktiken üben und häufiger über religiöse Fragen sprechen als Jungen. Dies legt die Vermutung nahe, dass sie dem Religionsunterricht mit seinen Inhalten und Arbeitsformen tendenziell aufgeschlossener gegenüberstehen als Jungen (vgl. zum Ganzen auch Knauth 2009a, S. 80 f.; Knauth 2011, S. 93 f.).

gigen männlichen Rollenvorstellungen entsprechen um die Jungen in ihren (mehrheitlich, nicht durchgängig!) mitgebrachten Rollenvorstellungen zu respektieren und ernst zu nehmen. Andererseits darf der Religionsunterricht Jungen auch nicht auf die Rollenvorstellung festlegen, die sie in den Unterricht mitbringen. Vielmehr muss er ihnen behutsam Räume eröffnen um ihr Verhaltensrepertoire jenseits gängiger Klischees zu erweitern. Insbesondere sollte er diejenigen Jungen stärken, die sich nicht gängigen Rollenerwartungen fügen wollen oder können.

Konkret bedeutet das, dass ein jungengerechter Religionsunterricht bei klassischen Stärken von Jungen ansetzt.[2] Er knüpft an das an, was Jungen in der Regel gut können, was sie interessiert und motiviert. Reinhard Winter und Gunter Neubauer haben in ihrem Modell des »balancierten Junge- und Mannseins« solche klassischen Jungen-Stärken herausgearbeitet.[3] Von diesem Modell ausgehend kann man folgende Stärken benennen, die man bei Jungen häufig finden kann:[4]

- Kraft und Energie einsetzen
- für das Gute kämpfen/ein Held sein
- sich für große Projekte begeistern
- sich mit anderen messen
- etwas erfinden, konstruieren
- handwerklich arbeiten
- mit Technik umgehen
- sich in Szene setzen
- etwas riskieren
- Grenzen austesten
- in Bewegung sein

---

2 Vgl. zu diesem Vorgehen vor allem Winter/Neubauer 2001; vgl. ferner Hurrelmann 2011; Winter/Neubauer 2002.
3 Vgl. Winter/Neubauer 2001, vor allem S. 33–59. Es handelt sich bei diesem Modell um ein dynamisches Modell, das die Wahrnehmung der individuellen Stärken und Entwicklungsaufgaben einzelner Jungen ermöglichen soll, nicht um einen statischen Katalog typisch männlicher positiver und negativer Eigenschaften.
4 Vgl. hierzu neben Winter/Neubauer 2001 auch Guggenbühl 2008; Hurrelmann 2011, S. 8; Kugler 2011, S. 16 f.

- den Körper einsetzen
- körperlich schnell und ausdauernd sein, sich körperlich verausgaben
- aktiv etwas tun
- sich mit seinen Gefühlen im Griff haben (»cool sein«)
- Kritik üben
- sich mit anderen auseinandersetzen
- experimentieren
- etwas allein schaffen
- die Initiative ergreifen
- Dinge spielerisch angehen

Ausgehend von diesen typischen Jungen-Stärken kann im Religionsunterricht dann auch in den Blick kommen, welche Fähigkeiten und Kompetenzen bei Jungen traditionell unterentwickelt sind und deshalb gezielt gefördert werden sollen. Ausgehend von dem Modell von Winter/Neubauer können hier genannt werden:[5]
- Kontakte knüpfen
- sich in eine Gemeinschaft einordnen
- empathisch sein
- Regeln akzeptieren und einhalten
- über sich selbst nachdenken
- sich selbst ausdrücken
- über sich und die eigenen Gefühle reden
- Stille aushalten
- Rollenerwartungen erfüllen
- sich in Traditionen einfinden
- genießen können
- loslassen können
- achtsam mit dem eigenen Körper umgehen
- Grenzen akzeptieren
- Schwächen eingestehen

---

5 Vgl. hierzu neben Winter/Neubauer 2001 auch Hurrelmann 2011, S. 8 f.; Kugler 2011, S. 17; Winter/Neubauer 2002.

Zu beachten ist bei diesen Listen typischer Jungen-Stärken und Jungen-Entwicklungsaufgaben, dass es sich hierbei um eine Wahrnehmungshilfe zur gezielten Förderung konkreter Jungen handelt, nicht um eine feste Zuschreibung von allgemein gültigen Jungen-Eigenschaften. Bei den je individuellen Jungen in einer Klasse werden die beschriebenen Stärken unterschiedlich stark entwickelt sein, wie auch umgekehrt der Entwicklungsbedarf bei den Fähigkeiten, die bei Jungen traditionell schwächer entwickelt sind, im Einzelfall von Junge zu Junge sehr unterschiedlich sein wird.

Weiter ist zu beachten, dass diese beiden Listen zunächst einmal eine Wahrnehmungshilfe für den Umgang mit *Jungen* sein möchten. Über die Wahrnehmung von *Mädchen* im Unterricht ist damit erst einmal noch nichts gesagt. Da traditionelle Rollenzuschreibungen für Jungen und Mädchen in unserer Gesellschaft in der Regel komplementär erfolgen, liegt es nahe, dass die hier aufgelisteten Entwicklungsaufgaben von Jungen den klassischen Mädchen-Stärken entsprechen und umgekehrt. Dementsprechend ist zu vermuten, dass Themen und Methoden, die sich an klassischen Jungen-Stärken orientieren, Mädchen im Religionsunterricht Verhaltensoptionen jenseits klassisch weiblicher Rollenzuschreibungen eröffnen können. Umgekehrt kann vermutet werden, dass gerade diejenigen Themen und Methoden, die an Fähigkeiten anknüpfen, die bei Jungen traditionell schwächer ausgeprägt sind, gängigen weiblichen Rollenzuschreibungen entsprechen und damit an klassischen Mädchen-Stärken orientiert sind.

In den folgenden Kapiteln wird beschrieben, wie ein Religionsunterricht konkret gestaltet werden kann, der bei klassischen männlichen Rollenzuschreibungen einsetzt und diese behutsam aufbricht und erweitert. Dabei sind zunächst die Themen des Religionsunterrichts im Fokus. Es folgt ein Blick auf die Ästhetik des Religionsunterrichts und auf spirituelle Elemente. Schließlich widmet sich ein Kapitel ausführlich den Methoden. Zu zahlreichen Themen, Methoden und weiteren Anregungen, die in den folgenden Kapiteln vorgestellt werden, finden sich konkrete Beispiele im online-Teil des Buches. Sie können im Unterricht unmittelbar umgesetzt werden und können zugleich als Anregung dienen um eigene Unterrichtsbausteine zu entwickeln.

5. Was Jungs interessiert: Themen

Religion wird von Schülern vielfach als »Mädchenfach« angesehen. Und auch bei denen, die Religion unterrichten, gilt es als schwierig, Jungen für die Inhalte des Religionsunterrichts zu begeistern. Das ist insofern höchst erstaunlich, da das Christentum über die Jahrhunderte hinweg sehr stark männlich dominiert war und auch heute noch vielfach ist. Während man für einen mädchengerechten Religionsunterricht lange suchen muss, um passende Identifikationsfiguren in der Bibel und in der Kirchengeschichte zu finden, gibt es für Jungs Vorbilder in Hülle und Fülle! Die Bibel ist voll von Männergestalten, mit denen Jungen sich identifizieren und an denen sie lernen können. Auch die Geschichte der Kirche ist vielfach von Männern geprägt und gestaltet worden und bietet daher zahlreiche Anknüpfungspunkte für Jungen.

Im folgenden Kapitel wird skizziert, welche Themen und Inhalte Jungen den Zugang zum Religionsunterricht erleichtern. Dazu werden zunächst exemplarisch einige Männergestalten aus Bibel und Kirchengeschichte vorgestellt, die sich für religiöse Lernprozesse mit Jungen besonders eignen. Anschließend wird bedacht, wie das Reden von Gott mit Jungen gelingen kann. Dabei wird auch die häufig gestellte Frage diskutiert, ob Jungen andere Bilder von Gott brauchen als Mädchen. Schließlich werden exemplarisch einige weitere Themenfelder benannt, die hilfreich sein können, um Jungen den Zugang zu Fragen des christlichen Glaubens zu erleichtern.

Davor ist jedoch zunächst zu klären, ob und inwiefern es überhaupt spezielle Jungen-Themen im Religionsunterricht braucht.

5.1 Spezielle Jungen-Themen in einem Religionsunterricht der Vielfalt?

Ein Religionsunterricht, der sich der Pädagogik der Vielfalt verpflichtet weiß, hat zum Ziel, Jungen eine Vielfalt an möglichen männlichen Rollenbildern vorzustellen und sie dabei zu unterstützen ihren individuellen Lebensentwurf zu finden und verantwortlich zu leben. Dieselbe Zielsetzung gilt umgekehrt für Mädchen und die Vielfalt an weiblichen Rollenbildern.

Wenn der Religionsunterricht also die Aufgabe hat, Jungen und Mädchen in Auseinandersetzung mit der biblischen Tradition dazu anzuleiten zu einem geklärten und verantwortlichen Verständnis ihrer eigenen Geschlechterrolle zu gelangen, dann ist es unumgänglich die Geschlechterperspektive in die Auswahl der Themen und Inhalte mit einzubringen. Im Blick auf einen jungengerechten Unterricht bedeutet das: Jungen müssen immer wieder die Gelegenheit haben, ihre Geschlechterrolle zu reflektieren und sich mit unterschiedlichen männlichen Rollenbildern probeweise zu identifizieren. So kann der Religionsunterricht einen Beitrag dazu leisten, dass Jungen sich zu Männern entwickeln, die ihre Geschlechterrolle verantwortlich ausfüllen.

Um dies zu erreichen, ist insbesondere eine Auseinandersetzung mit biblischen Männergestalten und mit Männern aus der Geschichte der Kirche hilfreich. Wo es organisatorisch möglich ist, kann es sinnvoll sein, für solche Unterrichtseinheiten Mädchen und Jungen zu trennen, etwa im Rahmen einer ökumenischen Kooperation, sodass Mädchen zeitgleich an biblischen und kirchengeschichtlichen Frauengestalten lernen können. Im Blick auf die gesellschaftlichen Zusammenhänge, in die Jungen und Mädchen hineinwachsen und in denen vorherrschende Rollenverständnisse immer auch Auswirkungen auf das jeweils andere Geschlecht haben, ist es jedoch wichtig, dass Jungen und Mädchen auch immer wieder gemeinsam darüber nachdenken, wie Männer- und Frauenrollen verantwortlich ausgefüllt werden können. Nur so können Jungen und Mädchen angeleitet werden, gemeinsam nach tragfähigen Männer- und Frauenbildern zu suchen, die beiden Geschlechtern Freiheit in der Gestaltung des eigenen Lebensentwurfs und gleichberechtigte Teilhabe an gesellschaftlichen Chancen und Ressourcen ermöglichen.

Ein jungenspezifischer Zugang zu den Themen des Religionsunterrichts ist aber noch aus einem weiteren Grund wichtig. Wenn es stimmt, dass Jungen, die mit klassischen Rollenvorstellungen in den Religionsunterricht kommen, sich mit den Themen des Religionsunterrichts schwer tun und ihn als »Mädchenfach« empfinden, dann ist es wichtig ihnen Zugänge zu den Inhalten des Religionsunterrichts zu ermöglichen, die an klassische männliche Rollenbilder und an klassische Jungen-Stärken anknüpfen – ohne ihnen dauerhaft und exklusiv verhaftet zu bleiben. Dies führt zu einer Erweiterung des Themenspektrums im Religionsunterricht, die sowohl die christliche Tradition als auch die religiöse Landschaft in einer größeren Breite wahrnimmt. Exemplarisch wird dies in den folgenden Abschnitten an einigen Themenfeldern dargestellt.[1]

5.2 Männergestalten in Bibel und Kirchengeschichte[2]

Die Beschäftigung mit biblischen Männergestalten ist ein zentraler Inhalt für jungengerechten Religionsunterricht. Hier begegnen Jungen Männern, die Erfahrungen mit Gott machen, die ihr Leben gestalten, Herausforderungen angehen, immer wieder auch scheitern, Beziehungen zu anderen Menschen gestalten und nicht zuletzt mit Schuld und Versagen umgehen müssen. Diese Männer haben Eigenschaften, die heute als typisch männlich gelten, aber auch solche, auf die genau das Gegenteil zutrifft. Aus der Fülle der biblischen Männergestalten seien nur einige wenige kurz in ihrer Bedeutung für Jungen (und Mädchen) heute skizziert:

Die Geschichte von *Jakob* und seinem Zwillingsbruder Esau (Gen 25–35) ist von Anfang an eine Konkurrenzgeschichte.[3] Die Konkurrenz beginnt schon bei der Geburt, mit dem Gerangel der Brüder, bei dem jeder als Erster das Licht der Welt erblicken möchte. Sie setzt sich fort im Streit um das Erstgeburtsrecht, das sich Jakob mit List

---

[1] Die hier vorgeschlagenen Themen beziehen sich überwiegend auf Bibel, Kirchengeschichte und religiöse Fragen im engeren Sinn. Daneben gibt es eine Fülle von lebenskundlichen Themen, die für Jungen interessant sind und die im Religionsunterricht behandelt werden können. Vgl. als Anregung die Themenliste von Reinhard Winter 2011, S. 267 f.

[2] Vgl. zum Folgenden die Anregungen bei Anselm Grün (Grün 2003) sowie bei Knieling/Ruffing 2012; Lautenbacher/Ruffing 2013.

[3] Vgl. zum Folgenden die m. E. sehr gelungene Interpretation der Jakobsgeschichte im Blick auf die Lebenswelt heutiger Jungen von Johannes Taschner 2012.

ergaunert, indem er die Notlage seines Bruders ausnutzt. Sie gipfelt schließlich darin, dass sich Jakob den Segen seines Vaters auf dem Sterbebett erschleicht. Die Rivalität der Brüder korrespondiert mit dem Verhalten der Eltern, die selbst jeweils einen der Söhne bevorzugen: Rebekka Jakob und Isaak Esau.

Jakob versucht sich den Segen mit unlauteren Mitteln zu erschleichen und scheint sich mit dieser Absicht zunächst durchzusetzen. Schnell zeigt sich jedoch, dass sein Verhalten alles andere als Segen mit sich bringt: Esau ist wütend und möchte seinen Bruder umbringen. Jakob muss fliehen, die Familie zerbricht.

Man kann den Fortgang der Geschichte als einen Weg der Reifung lesen, den Jakob durchläuft. Dieser Weg beginnt mit einer Gottesbegegnung an der Himmelsleiter und mit der Segenszusage Gottes. Dann erlebt Jakob selbst am eigenen Leib, wie es ist um sein Recht betrogen zu werden. In der Begegnung mit seinem Schwiegervater Laban kehren sich die Rollen um. Jakob wird zum Opfer von List und Trug. Als es ihm schließlich gelingt sich aus der Umklammerung Labans zu befreien, will er mit seiner Familie und seinem Vermögen zurück nach Hause. Er weiß, dass er sich dann seinem Bruder Esau und damit zugleich seiner Vergangenheit stellen muss. Er tut dies, wohl wissend, dass der Ausgang ungewiss ist und dass er über die Reaktion seines Bruders nicht verfügen kann. In der Nacht vor der Begegnung mit Esau ringt Jakob mit Gott. Er ringt Gott, der ihm als Angreifer begegnet, buchstäblich den Segen ab. Der neue Name den er erhält, ist äußeres Zeichen dafür, dass Jakob ein anderer geworden ist. Verwandelt geht er auf Esau zu, kann auf Machtansprüche verzichten, ist bereit sich unterzuordnen. Die Versöhnung gelingt. Beide, Jakob wie Esau, lassen sich gegenseitig Raum zum Leben.

In Jakob begegnen die Schüler einem Mann, der rücksichtslos seine eigene Vormachtstellung aufbauen und sichern will und dem dazu jedes Mittel recht ist. Sie hören von einer Familienkonstellation, die solche Intrigen befördert, und sie erfahren, welche negativen Folgen Jakobs Dominanzstreben für ihn selbst und für andere hat. Sie begleiten Jakob auf seinem Läuterungsweg, können miterleben, wie der Betrüger zum Betrogenen wird, wie er den Mut fasst sich seiner Vergangenheit zu stellen und wie Gott ihn dafür segnet. Sie erleben schließlich, wie Versöhnung gelingen kann und wie tödliche Konkurrenz sich wandelt in ein geklärtes Miteinander, bei dem jeder Raum zum Leben beanspruchen kann und zugleich auch dem anderen diesen Raum zugesteht.

Die Geschichte von *Josef* (Gen 37–50) ist eine vielschichtige Familiengeschichte, die sich unmittelbar an die Jakobserzählung anschließt. Auch hier stehen am Anfang Neid und Zwietracht unter Geschwistern: Josef, der zweitjüngste von zwölf Brüdern, ist der Liebling seines Vaters Jakob. Er wird verwöhnt und bekommt vom Vater ein besonders schönes Gewand geschenkt. Erregt schon dies den Neid der Brüder, trägt Josef selbst durch sein Verhalten kräftig dazu bei, seine Geschwister gegen sich aufzubringen: Er erzählt von seinen Träumen, in denen er deutlich als ihr Herrscher dargestellt wird. Die Wut der Brüder führt dazu, dass sie sich bei nächster Gelegenheit Josefs entledigen, wobei die Brüder in ihren Plänen unterschiedlich radikal sind und sich schließlich darauf einigen Josef als Sklaven nach Ägypten zu verkaufen. Sollte damit eigentlich Josefs Erfolgsgeschichte zu Ende sein, so zeigt der Fortgang der Erzählung, dass diese im Gegenteil in Ägypten erst wirklich beginnt. Josef ist fleißig und von Gott begabt, kommt vorwärts, sieht sich aber erneut Intrigen ausgesetzt. Durch verschiedene Höhen und Tiefen hindurch steigt Josef schließlich zum Stellvertreter des Pharao auf. Mit großem organisatorischem Geschick und im Vertrauen auf Gottes Botschaften, die er aus Träumen entschlüsseln kann, wendet er in Ägypten die Hungersnot ab. In dieser Situation begegnet er erneut seinen Brüdern, die auf der Suche nach Nahrung nach Ägypten kommen. Bevor es zur Versöhnung kommt, nimmt die Geschichte noch einige Wendungen, wobei man manche Handlung von Josef durchaus als Rache an seinen Brüdern für das erlittene Unrecht ansehen kann, so etwa den Spionagevorwurf oder das Verstecken des silbernen Bechers im Gepäck seines jüngsten Bruders Benjamin.

Josef eignet sich also keineswegs als strahlendes Vorbild. Manche seiner Handlungen wirken wenig sympathisch und moralisch zweifelhaft. Andererseits sind sein Gottvertrauen, sein Fleiß und sein organisatorisches Geschick bemerkenswert. Umgekehrt sind seine Brüder nicht durchweg moralisch verurteilenswert, auch wenn sie mit dem Verkauf von Josef großes Unrecht begehen. Ihre Wut ist zumindest in Teilen nachvollziehbar. So liegt in der Josefsgeschichte die Pointe gerade darin, dass Gott die Geschichte dieses schillernden Josef durch eigenes und fremdes Fehlverhalten hindurch zu einem guten Ende führt (vgl. Gen 50,20).

In der Geschichte von *David* (1. Sam 16–1. Kön 2) finden sich für Schüler vielfältige Aspekte, die zu einer Reflexion der eigenen Geschlechterrolle herausfordern. Die Davidserzählung beginnt damit, dass Gott den künftigen König seines Volkes nach anderen Maßstäben auswählt als Menschen: Der kleinste der Brüder soll König werden. Dasselbe Motiv taucht in der Begegnung Davids mit Goliath noch einmal auf: Der kleine Hirtenjunge David besiegt den übermächtigen Riesen Goliath mit einer List. Schritt für Schritt wird Davids Aufstieg erzählt, der ihn zunächst zum König über das Südreich Juda, dann auch über das Nordreich Israel und damit über Gesamtisrael macht. Als erfolgreicher König und Feldherr baut er seine Macht aus und vergrößert sein Reich. So beginnt die Davidsgeschichte mit dem ungewöhnlichen Motiv, dass ausgerechnet der Kleine und Schwache zum Held wird. Sie verläuft dann zunächst weiter wie die klassische Heldengeschichte eines erfolgreichen Kriegers, der es bis zum König bringt. Immer wieder finden sich jedoch eigentümliche Züge in dieser Erzählung, die gängigen Klischees widersprechen. Dazu gehören die musikalischen Fähigkeiten Davids, der mit seiner Harfe Sauls depressive Stimmung zu lindern vermag, ebenso wie seine intensive Freundschaft zum Königssohn Jonathan, die in ihrer Innigkeit ungewöhnlich ist. Auf dem Höhepunkt seiner Macht angekommen erliegt David den Verführungen seiner machtvollen Position: Er begeht Ehebruch und liefert einen Unschuldigen dem Tod aus um dies zu vertuschen. Durch den Propheten Nathan mit dieser Schuld konfrontiert, gesteht David seine Verfehlung ein und bittet Gott um Vergebung. Gott vergibt ihm, dennoch muss er mit den Folgen seiner Tat leben. Davids letzte Jahre sind schließlich geprägt von den Kämpfen zum Erhalt seiner Macht und vom Gerangel um seine Nachfolge.

In David begegnet den Schülern somit ein Held mit strahlenden Erfolgen, mit ungewöhnlichen Wesenszügen und zugleich mit Schattenseiten. Seine Geschichte lädt ein darüber nachzudenken, was einen Helden ausmacht, wie auch ein Kleiner sich gegen Große behaupten kann und wie auch scheinbar unbedeutende Menschen von Gott mit großen Aufgaben betraut werden können. Davids Geschichte lädt weiter dazu ein, über diejenigen Seiten seiner Persönlichkeit nachzudenken, die klassischen Helden eher selten zugeschrieben werden: seine Musikalität und die damit verbundene Sensibilität sowie seine intensive Freundschaftsbeziehung zu einem anderen Mann. Schließlich lässt sich an David sehen, wie ein erfolgreicher Mann den Verführungen seiner Machtstellung erliegt, wie er dabei schwere Schuld auf sich lädt, wie er seine Schuld bereut, Gott um Vergebung bittet und die Chance zum Neuanfang erhält.

Die Gestalt des *Petrus* schließlich ist gerade in ihrer Beziehung zu Jesus für Jungen interessant. Die Petrusgeschichte beginnt nach dem Lukasevangelium mit einem wunderbaren Fischzug, zu dem Petrus und seine Kollegen auf Jesu Geheiß hin aufbrechen. Petrus ist angesichts der Macht Gottes, die sich in Jesu Handeln zeigt, verwirrt und entsetzt und erkennt im Gegenüber zu Gott seine Begrenztheit als Mensch. Immer wieder klingt im Fortgang der Geschichte diese Spannung an: Petrus lässt sich auf den Weg mit Jesus ein, macht tiefe Erfahrungen im Glauben und erkennt zugleich immer wieder seine menschlichen Grenzen. Er kann als Erster das Bekenntnis formulieren, dass Jesus der verheißene Messias ist, versteht aber nicht, dass der Messias den Weg des Leidens gehen muss und will Jesus davon abhalten. Auf Jesu Wort hin wagt er es auf dem See zu gehen und versinkt kurz darauf im Wasser, als ihn das Vertrauen verlässt. Als Jesus gefangengenommen wird, will er ihn mit seinem Schwert verteidigen und folgt ihm bis zum Ort des Verhörs. Dann aber leugnet er dort ihn zu kennen und ist erschüttert, als ihm sein Verrat bewusst wird.

Nach Ostern wird Petrus von Jesus neu beauftragt und wird zum Fels der Urgemeinde. Nach dem Bericht der Apostelgeschichte ist er es, der in der Begegnung mit einem römischen Hauptmann zuerst die Grenzen zu den Heiden überwindet und so den christlichen Glauben über das jüdische Volk hinaus öffnet. Nach altkirchlicher Überlieferung stirbt er für seinen Glauben in Rom den Märtyrertod.

So begegnet den Schülern in Petrus eine vielschichtige Figur. Auf der einen Seite ist er gekennzeichnet von Ehrfurcht vor der Größe Gottes, von Vertrauen in Jesus und von dem Mut zu ihm zu stehen. Auf der anderen Seite ist sein Leben auch geprägt von Mutlosigkeit,

Missverständnissen und Verrat. Wird Petrus im Religionsunterricht nicht nur auf seine Schwächen reduziert, sondern mit seinem Mut und seiner Stärke ebenso wie mit seinen Begrenzungen dargestellt, so eignet er sich gut als Figur, an der Schüler sehen können, wie ein Mensch sich auf den Weg der Nachfolge macht, dabei Großes erlebt und immer wieder auch scheitert.

Man könnte die Liste der Männergestalten beliebig fortführen. Je nach Alter und konkreter Klassensituation lädt die Bibel dazu ein, mal diese, mal jene Männergestalt in den Fokus zu nehmen und mit den Schülern gemeinsam zu bedenken, was wir von ihr für unser eigenes Leben und unseren Glauben lernen können.

Ähnliches gilt für Männer aus der Geschichte der Kirche. An ihnen können Jungen lernen, wie diese Männer in ihrer jeweiligen Zeit als Christen gelebt haben und Herausforderungen aus ihrem Glauben heraus angegangen sind. Dies sei exemplarisch an vier Männern gezeigt:

Martin von Tours ist den Jungen in der Regel schon bekannt, wenn sie in die Schule kommen. Das Martinsfest mit dem entsprechenden Laternenumzug gehört zum festen Programm vieler Kitas. In aller Regel wird im Zusammenhang mit diesem Fest auch von St. Martin erzählt. Im Mittelpunkt steht dabei die Episode, wie Martin, auf seinem Pferd reitend, einem Bettler begegnet. Er wird von der Not dieses Menschen so angerührt, dass er spontan seinen Mantel zerteilt und die eine Hälfte dem Bettler überlässt. Ihre Faszination bezieht diese Szene aus der Symbolkraft, die in der Handlung Martins liegt: So unvernünftig es eigentlich ist, einen Mantel in der Mitte zu teilen, weil er dann niemanden mehr wirklich wärmen kann, so eindrücklich ist der geteilte Mantel als Symbol für eine Grundhaltung des christlichen Glaubens. Es geht darum Ressourcen zu teilen, damit alle das haben, was zum Leben notwendig ist. Und es geht darin um die beglückende Erfahrung, dass Reichtum wächst, wenn man ihn teilt. An Martin können Schüler somit ein Gegenmodell zu einer verbreiteten Lebensweise lernen: Reichtum durch Teilen. Sie können lernen, welche Kraft darin liegt, wenn ein Mann die tief in sich liegende Angst, zu kurz zu kommen, überwindet und beginnt freigiebig von dem auszuteilen, was er hat. Sie können lernen, wie solch eine verschenkende Lebenshaltung auch anderen Menschen

Räume zum Leben eröffnet und damit das Leben insgesamt reicher macht. Sie können an Martin auch den Unterschied wahrnehmen zu einer Lebensweise, die ab und an achtlos Almosen gibt um das eigene Gewissen zu beruhigen.

Ist diese teilende, nach sozialer Gerechtigkeit strebende Seite Martins weithin bekannt und auch in Unterrichtshilfen gerade für die Grundschule vielfach thematisiert, so sind andere wichtige Seiten, die sich in der Biografie Martins zeigen, in der Regel nicht im Blick: Martin war römischer Soldat, bevor er zum christlichen Glauben kam. Nach seiner Taufe konnte er sein neues Leben als Christ bald nicht mehr mit seinem alten Beruf als Soldat vereinbaren. Er beschloss den Kriegsdienst aufzugeben und stattdessen ein Leben in Askese zu führen. Da das Verlassen der Armee als Desertation galt, entging Martin nur durch das wunderhafte Zusammentreffen mehrerer Ereignisse dem Tod. Als die Menschen von Tours ihn zu ihrem Bischof bestimmen wollten, versteckte er sich in einem Gänsestall, weil er dieses Amt nicht annehmen wollte. Das Schnattern der Gänse verriet ihn, sodass er dann doch zum Bischof von Tours geweiht wurde. Zeitlebens setzte er sich für Menschen ein, die Hilfe brauchten: für Kranke, für Arme, für Gefangene und Leidende. Zum höfischen Lebensstil mit seiner Ehrerbietung für Höhergestellte hielt er dagegen Distanz.

So können die Schüler in der Lebensgeschichte Martins von einem Krieger eigener Art hören: von einem, der auf Waffengewalt verzichtet und seine Kraft dafür einsetzt leidenschaftlich für das Gute zu kämpfen. Von einem, der sich vorbehaltlos den Schwachen und Ausgegrenzten zuwendet und zu den Mächtigen Distanz hält. Von einem, der sich zunächst scheut, ein leitendes Amt in der Kirche zu bekleiden, der sich dann aber doch dazu durchringt Verantwortung zu übernehmen. In alldem wird deutlich, dass Martin von Tours weit mehr ist als ein harmlos-lieber »St. Martin«, dass seine Lebensgeschichte vielmehr geprägt ist von einer faszinierenden Leidenschaft für den christlichen Glauben und seine gesellschaftlichen Konsequenzen.

Auch die Lebensgeschichte von *Franz von Assisi* enthält zahlreiche Aspekte, die für Jungen heute anregend sind. Zunächst scheint Franz ein Leben zu führen, um das man ihn beneiden muss: Er ist reich, kommt aus gutem Elternhaus und hat eine erfolgreiche Karriere als Geschäftsmann vor sich. Sein Vater ist ein erfolgreicher Tuchhändler. Franz soll einmal das Geschäft übernehmen. Als Jugendlicher führt er ein Luxusleben, das ihm sein Vater finanziert. Aber dann bringen ihn verschiedene Ereignisse in seinem Leben ins Nachdenken. Franz entschließt sich zu einem radikalen Bruch. Er verzichtet auf seinen materiellen Besitz und geht in die Berge um mit Gleichgesinnten ein Leben zu führen, das sich radikal an den Worten Jesu orientiert. Dieser Entschluss führt zu einem heftigen Konflikt und schließlich zum Bruch mit dem Vater. Schnell wird Franz über die Grenzen von Assisi hinaus bekannt. Immer mehr junge Menschen schließen sich seiner Bewegung an. Franz reist nach Rom, um sich seinen neuen Orden vom Papst bestätigen zu lassen. Während einer Reise nach Ägypten, bei der Franz ohne Erfolg versucht zwischen den Kreuzfahrern und dem muslimischen Heer Frieden zu stiften, kommt es zu Hause zu Spannungen im Orden. Der Streit geht darum, wie streng die Regeln des Ordens sein sollen. Franz kann sich mit seiner strengen Auffassung nicht durchsetzen und gibt die Leitung des Ordens ab. Gesundheitlich ist er seit seiner Ägyptenreise schwer angeschlagen und zieht sich in seinen letzten Lebensjahren mehr und mehr zurück. Die Legende erzählt, dass sich in dieser Zeit die Wundmale Christi an seinem Körper zeigen und so körperlich sichtbar wird, dass Franz mit seinem Leiden Anteil am Leiden Christi hat.

In der Lebensgeschichte des Franz von Assisi klingen zahlreiche Themen an, die auch heute für Jungen und ihr Leben bedeutsam sind. Da ist zunächst der junge Franz mit seinem Leben in Luxus. Er führt ein Leben, von dem viele Menschen auch heute träumen. Die Begegnung mit dem jungen Franz regt dazu an eigene Lebensträume in den Blick zu nehmen. Da ist zum anderen der radikale Bruch im Leben des Franz von Assisi. Obwohl er scheinbar alles hat, was das Leben lebenswert macht, gibt er genau dieses Leben auf und entschließt sich zu einem Leben in radikaler Armut. Dieser Teil der Geschichte fordert dazu heraus darüber nachzudenken, was das Leben sinnvoll macht und worauf es im Leben wirklich ankommt. Die Antwort von Franz wird dabei für Jungen heute vermutlich ebenso faszinierend wie irritierend sein. Gerade für Jungen in der Pubertät kann es zudem lohnend sein sich mit Franz' Konflikt mit seinem Vater zu beschäftigen. An Franz können Jungen sehen, wie ein junger Mann lernt sich von seinem Vater zu lösen und seinen eigenen Weg zu gehen. Sie können auch sehen, dass dies nicht ohne Konflikte geht und dass man für einen eigenen Weg Mut und innere Stärke braucht. Schließlich können Jungen an Franz auch wahrnehmen, wie ein Mann mit großen Idealen scheitert und Dinge, die ihm wichtig sind, nicht umsetzen kann. Sie können in Franz einen Menschen kennenlernen, der trotz dieser Niederlagen sich und seinem Auftrag treu bleibt und lernt mit Niederlagen zu leben. In alledem können die Schüler in Franz von Assisi einen Mann kennenlernen, der radikal Jesus nachfolgt, dadurch die einen begeistert und die anderen abschreckt, und der auch heute noch Menschen Vorbild ist – bis hin zu einem Papst, der seinen Namen annimmt um für eine einfach lebende Kirche einzutreten, die sich für die Armen einsetzt.

Die Lebensgeschichte von *Martin Luther* begegnet Schülern im evangelischen Religionsunterricht in der Regel mehrfach. Der Schwerpunkt liegt üblicherweise bei Luthers reformatorischer Entdeckung: Menschen werden vor Gott nicht durch eigene Leistung gerecht, sondern aus Gnade. Diese Grundeinsicht Luthers ist auch heute noch gerade für Jungen und Männer herausfordernd, widerspricht sie doch dem gängigen männlichen Klischee des Machers, der sein Leben selbst in die Hand nimmt, erfolgreich ist und sich sein Ansehen und seinen Rang durch eigene Leistung verdient. So bietet gerade Luthers Biografie für Jungen heute gute Ansatzpunkte sich mit männlichen Rollenklischees kritisch auseinanderzusetzen und wahrzunehmen, wie der christliche Glaube an diesem Punkt einen deutlichen Gegenakzent zu verbreiteten, vor allem männlichen Lebenskonzepten setzt.

So wertvoll dieser Aspekt bei der Beschäftigung mit Luther ist, so wenig darf dabei übersehen werden, dass der Glaube an einen gnädigen Gott, der die Menschen unabhängig von ihrer Leistung liebt, bei Luther gerade nicht zu einer leistungsfeindlichen, bequemen Lebenshaltung führt, die auf jede Anstrengung und jedes Engagement verzichtet. Im Gegenteil führt Luthers reformatorische Entdeckung zu einer Lebenshaltung, die sich – frei davon sich selbst rechtfertigen zu müssen – mit großem Engagement der Verbreitung des Evangeliums und der tätigen Nächstenliebe widmet. Luther wird damit als Mann erkennbar, der sich mit Energie und Begeisterung für das einsetzt, was ihm wichtig geworden ist. Die berühmte Szene vor dem Reichstag in Worms zeigt Luther als mutigen Menschen, der für eine Überzeugung einsteht, die er als richtig erkannt hat, auch wenn ihn das in große Gefahr bringt. Sie lädt Schüler heute dazu ein darüber nachzudenken, für welche Ideale sie bereit sind einzustehen, unabhängig davon, ob ihnen das Nachteile bringt. Luthers Engagement für die Übersetzung der Bibel auf der Wartburg zeigt einen Mann, der viel dafür einsetzt andere an dem teilhaben zu lassen, was er als wichtig erkannt hat. Dies kann zu der Frage führen, wo unser heutiges Leben auf andere Menschen ausstrahlt und ihnen Lebensräume eröffnet.

Luthers Haltung gegenüber den Bauern im Bauernkrieg und gegenüber den Juden in seinen späten Jahren zeigen die Kehrseite eines Mannes, der voller Eifer seine Überzeugungen vertritt. Hier begegnen die Schüler den Schattenseiten des großen Reformators und können lernen, wie schmal der Grat zwischen Begeisterung und Fanatismus ist und wie schnell Menschen, die sich für eine gute Sache einsetzen möchten, auf Abwege geraten können.

Eine realistische und ungeschönte Begegnung mit Luther zeigt somit einen Mann, der tief in seiner Beziehung zu Gott verwurzelt ist, der aus dieser Gottesbeziehung heraus sein Leben gestaltet und dabei vielfältige Impulse gibt und Großes leistet. Sie zeigt zugleich einen Mann mit Schattenseiten, der in der Kritik an seinen Gegnern maßlos ist und mit seinen Äußerungen Gewalttaten den Boden bereitet.

In *Dietrich Bonhoeffer*s Biografie schließlich kommen viele der bisher genannten Aspekte zusammen und werden in einer Person der neueren Kirchengeschichte noch einmal konkret. In Bonhoeffer begegnen die Schüler einem Mann, der radikal nach dem Willen Gottes für seine Zeit fragt und dadurch in Opposition und Widerstand gegen ein menschenverachtendes politisches System gerät. An ihm können sie sehen, wie tiefe Frömmigkeit und der Einsatz für Benachteiligte, insbesondere für die Juden in der Nazi-Zeit, zusammenkommen. Sie können weiter sehen, wie ein Christ in schwieriger Zeit mutig gegen Unrecht angeht und dabei Leib und Leben riskiert. Sie können zudem in Bonhoeffer einem engagierten Christen begegnen, der um die richtige Auslegung der Gebote Gottes für die eigene Zeit ringt. Dies konkretisiert sich bei Bonhoeffer an der Frage, ob

Christen sich an einem Tyrannenmord und damit an einem Attentat auf Hitler beteiligen dürfen. Nicht zuletzt können die Schüler in Bonhoeffer so einem Mann begegnen, der immer wieder um den richtigen Weg ringt, der seine Positionen dabei neu durchdenkt und verändert, der zugleich aber immer wieder zweifelt und unsicher ist.

So wird in Bonhoeffers Leben konkret und anschaulich, wie im christlichen Glauben Kampf und Kontemplation zusammenkommen, wie aus der Beziehung zu Gott eine Lebenshaltung erwächst, die sich leidenschaftlich für Frieden und Gerechtigkeit einsetzt.

Damit all diese Männergestalten aus Bibel und Kirchengeschichte für Jungen in ihrer Vielschichtigkeit und mit ihren Ambivalenzen anschaulich werden, ist es wichtig im Unterricht so von ihnen zu erzählen, dass neben Höhen auch Tiefen, neben Heldentaten auch Verfehlungen, neben positiven Gotteserfahrungen auch rätselhafte Begegnungen mit Gott hörbar werden.[4] In den biblischen Geschichten spiegelt sich das ganze Leben mit seinen wunderbaren Momenten ebenso wie mit seinen Brüchen. Jungen (und Mädchen) kennen diese Ambivalenzen aus ihrem eigenen Leben und aus dem Umfeld, in dem sie aufwachsen. Die Erfahrungen mit Streit und Konflikten, mit Leid und Tod, mit Gewalt und mit dunklen Gefühlen, die sich in den biblischen Geschichten spiegeln, dürfen den Schülern daher nicht vorenthalten werden. Gerade dadurch, dass die Geschichten der Bibel all diese Aspekte beinhalten und sie in die große Geschichte Gottes mit den Menschen stellen, helfen sie den Schülern, mit analogen Erfahrungen im eigenen Leben umgehen zu lernen. Glättet der Lehrer dagegen die Geschichten beim Erzählen allzu sehr, unterschlägt er die Brüche und Ambivalenzen, verzichtet er auf die Darstellung moralisch zweifelhafter Verhaltensweisen und versucht er die Geschichten im Blick auf eine bestimmte, leicht handhabbare Moral hin zu kanalisieren, dann nimmt er den Schülern wichtige Lernmöglichkeiten. Gerade an den vielschichtigen Männergeschichten der Bibel können Jungen lernen, was es heißt als Mann zu leben und welche Rolle Gott dabei spielen kann. Selbstverständlich ist beim Erzählen jeweils auf eine altersgemäße Auswahl und Darstellung zu achten.

---

4   Vgl. hierzu die Anregungen bei Westhof 2008.

5.3 Gottesbilder

Die Frage, ob Jungen im Religionsunterricht andere Gottesbilder brauchen als Mädchen, wird immer wieder kontrovers diskutiert.[5] Dahinter steht die Vermutung, dass Jungen andere Bilder von Gott entwickeln als Mädchen und dass die Gottesbilder, die im Religionsunterricht vermittelt werden, eher Mädchen ansprechen.

Neuere empirische Untersuchungen[6] zeigen jedoch, dass die Vorstellungen, die Jungen und Mädchen von Gott entwickeln, sich weniger stark unterscheiden, als man vermuten würde. Ihre Gottesbilder haben insgesamt sehr ähnliche Eigenschaften. Jungen wie Mädchen sind offen für Bilder von Gott, die männliche wie weibliche Züge in sich integrieren. Wie bei anderen Themen gilt auch hier, dass die Unterschiede bei den Gottesbildern innerhalb der Gruppe der Jungen deutlich größer sind als im Durchschnitt zwischen Jungen und Mädchen.

Sind also die grundlegenden Bilder von Gott bei Jungen und Mädchen ähnlich, so unterscheiden sich die Ausdrucksformen deutlich. Jungen gebrauchen in den entsprechenden Studien andere Materialien um Gott darzustellen. Es dominieren härtere und künstliche Materialien, wohingegen Mädchen Naturmaterialien bevorzugen. Zudem werden die grundlegenden Eigenschaften Gottes häufiger mit technischen und energiegeladenen Metaphern zum Ausdruck gebracht.

Für den Religionsunterricht bedeutet dies, dass es nicht sinnvoll ist Jungen und Mädchen je unterschiedliche Gottesbilder zu vermitteln. Beide Geschlechter sind durchaus in der Lage vielschichtige Gottesbilder zu entwickeln. In einer Religionspädagogik der Vielfalt, die Rollenklischees überwinden möchte, ist dies ausdrücklich erwünscht. Die Entwicklung von differenzierten Gottesbildern soll nachdrücklich gefördert werden. Es macht keinen Sinn mit Rücksicht auf die vermeintlichen Bedürfnisse der Jungen unkritisch zu patriarchalen Gottesvorstellungen zurückzukehren.

Eine solche Vielschichtigkeit in den Bildern von Gott ist nicht zuletzt vom biblischen Zeugnis her geboten. Hier findet sich eine

---

5 Vgl. zur Diskussion Arzt 2011, S. 12.
6 Vgl. Szagun 2011.

Vielfalt von Gottesvorstellungen, die der Erkenntnis entspringt, dass kein einzelnes Bild Gott fassen kann. Es geht somit bei der Arbeit an Gottesbildern im Religionsunterricht darum, Gott Gott sein zu lassen und ihn nicht auf menschliche Vorstellungen zu reduzieren. Hier kann es keine unterschiedlichen Zugänge für Jungen und Mädchen geben.

> Wir erzählen Jungen wie Mädchen von demselben Gott: der Gott, der alle in gleicher Würde geschaffen hat und will, dass die Menschen in Vielfalt zusammenleben können: die Frauen und die Männer, die Weißen, Schwarzen und die Bunten; der Gott, der da ist, wenn alle weg sind; der Gott, der tröstet, wenn niemand mehr trösten kann; der Gott, der annimmt, wenn man sich von allen missachtet fühlt. Wir erzählen von diesem Gott und sagen, dass wir Menschen *ihr* zum Bildnis geschaffen sind und wir uns *ihn* männlich und weiblich, als Mutter und als Vater, als Bruder und als Schwester vorstellen können; kräftig und zärtlich, lieb, aber auch zornig, mit hellen Seiten, aber auch mit Seiten, die wir nicht verstehen und auch nicht gut finden, die aber gerade deshalb vielleicht unser Interesse wecken können – der Kriegsgott, der rächende Gott – aber auch der Gott der Gerechtigkeit für die Armen, der durch die Stimme der Propheten und Prophetinnen schimpfen kann. Von diesem Gott erzählen wir mal laut und kraftvoll, mal leise und nachdenklich, mal überzeugt, mal zweifelnd. Und wenn wir so erzählen, dann geben wir Gott »kavod« – das hebräische Wort, das Ehre, Schwere und Gewicht bedeutet.[7]

Gefragt ist also ein Reden von Gott, das Gott weder als gewalttätigen Überherrscher erscheinen lässt noch als allzu harmlos-liebes Wesen, das die Menschen in allem, was sie tun, immer nur bestärkt und ihnen kein kritisches Gegenüber mehr ist. Ein solch vielschichtiges Reden von Gott hilft Jungen und Mädchen dabei, ein angemessenes Gottesbild zu entwickeln.

Die besonderen Interessen und Bedürfnisse von Jungen beim Reden von Gott sind somit weniger auf der inhaltlichen Ebene zu

---

7 Knauth 2009a, S. 91 (Hervorhebungen im Original).

berücksichtigen als vielmehr in den methodischen und ästhetischen Zugängen. Auf diese Fragen wird in den folgenden Kapiteln näher eingegangen. Hier soll nur noch ein Aspekt näher betrachtet werden, der bei den neueren empirischen Untersuchungen deutlich wurde: Viele Jungen scheuen sich offen über ihren Glauben an Gott und ihre Gottesvorstellungen zu sprechen, wenn andere Jungen dabei sind. Religiös zu sein gilt vielfach als uncool und dies macht es Jungen im Unterricht schwer sich unbefangen zu äußern. Bei der Arbeit an Gottesbildern mit Jungen ist es wichtig diese Scheu zu kennen, zu respektieren und in der Wahl der Unterrichtsmethoden zu berücksichtigen. Es bieten sich somit Zugangswege an, die den Jungen Schutzräume bieten, um sich zu äußern, und die Gefühle von Peinlichkeit vermeiden. Dazu zählen Methoden, die es ermöglichen, eigene Gedanken und Empfindungen Dritten in den Mund zu legen. So müssen Jungen nicht explizit von sich selbst sprechen, sondern können ihre eigenen Gedanken aus der Sicht einer anderen Person, z. B. einer biblischen Figur, formulieren. Dazu zählen weiter Methoden, bei denen Jungen sich in Einzelarbeit mit einer religiösen Fragestellung befassen. Hier kann die Lehrkraft entweder schon zu Beginn darauf hinweisen, dass die Ergebnisse nicht vorgelesen werden. Oder sie kann die Schüler bitten, ihre Arbeitsergebnisse anonym zu verfassen und nach vorn zu bringen, sodass die Lehrkraft sie mischen und dann vorlesen kann, ohne dass bekannt ist, wer welchen Beitrag geschrieben hat.

5.4 Das Böse

Zu den klassischen Stärken von Jungen gehört es, sich kritisch mit Vorgegebenem auseinanderzusetzen und Gegenentwürfe zu dem durchzuspielen, was ihnen vonseiten der Lehrer an Überzeugungen, Meinungen und Werten vermittelt wird. Ausgehend von dieser Stärke liegt die Vermutung nahe, dass sich Jungen häufig für Themen interessieren, in denen es um das Böse geht, handelt es sich beim Bösen doch um den Gegensatz zur Gottesvorstellung des Christentums und damit zur offiziellen, im Religionsunterricht akzeptierten Form von Religion.

Die Beschäftigung mit dem Bösen ist damit für Schüler eine Möglichkeit, sich mit einer Spielart von Religion auseinanderzusetzen, von der sie wissen, dass der Religionslehrer als Vertreter der christlichen Religion sie inhaltlich ablehnen muss. Dieser Umweg über den Gegenpol zum liebenden Gott der Bibel kann den Schülern wiederum helfen einen eigenen Standpunkt in der Frage nach Gott und in der Stellung zum Bösen zu finden.

Vor diesem Hintergrund kann in der Sekundarstufe zur Auseinandersetzung mit dem Themenfeld des Bösen nur ermutigt werden. Hierher gehören die Beschäftigung mit Teufelsvorstellungen, mit Satanismus und Exorzismus, mit verschiedenen Spielarten okkulter Religiosität und nicht zuletzt die Auseinandersetzung mit apokalyptischen Vorstellungen und Bildern in der Bibel und in der populären Gegenwartskultur, etwa in Filmen. Schließlich kann auch die Beschäftigung mit dem Thema *Gewalt*, mit ihren Ursachen und der Frage nach der unheimlichen Faszination, die sie auf manche Menschen ausübt, behandelt werden.

Gerade bei diesem Themenfeld ist die Gefahr groß, dass im Religionsunterricht eine moralisierende Grundstimmung vorherrscht, in der von den Schülern unausgesprochen erwartet wird, gegen sämtliche Formen des Bösen Stellung zu nehmen. Dies wiederum kann die Opposition zumindest von einzelnen Schülern erst recht herausfordern.

Um dieser Gefahr nicht zu erliegen, empfiehlt es sich, diese Themen bewusst sachlich zu vermitteln und noch deutlicher als sonst Vermittlung von Inhalten und eigene Meinungsäußerung voneinander zu trennen. Wichtig ist zudem, die innere Logik etwa des Satanismus deutlich und nachvollziehbar zu machen. Erst wenn offen kommuniziert ist, wo die Faszination dieser Denkweise liegen kann, kann auch genauso offen über die Gefahren gesprochen werden.

Schließlich bietet gerade die Auseinandersetzung mit dem Bösen die Möglichkeit, an eine weitere klassische Jungen-Stärke anzuknüpfen, nämlich an den Wunsch, etwas Großes zu bewirken und für etwas Wichtiges zu kämpfen. Wenn im Unterricht sowohl die unheimliche Faszination als auch die zerstörerische Macht des Bösen deutlich geworden ist, kann in einem weiteren Schritt von Menschen erzählt werden, die sich dem Bösen mutig entgegengestellt haben. Dies wiederum kann dazu anregen zu überlegen, wo die Schüler selbst Teil einer Bewegung werden können, die es sich zur Aufgabe macht gegen das Böse zu kämpfen. Hier kann der Religionsunterricht die Schüler in entsprechenden Projekten ermutigen ihre Kraft für den Kampf gegen das Böse einzusetzen.

5.5 Kritische Auseinandersetzung mit der Tradition

Neben der Beschäftigung mit dem Phänomen des Bösen gibt es weitere Themenfelder, in denen sich Schüler kritisch mit der christlichen Tradition auseinandersetzen können und durch diese Auseinandersetzung einen reflektierten eigenen Standpunkt gewinnen können.

Hier ist zunächst an die kritische Auseinandersetzung mit der biblischen Tradition zu denken. Hilfreich ist es, wenn die Schüler von der Lehrkraft selbst angeleitet und ermutigt werden, kritische Fragen zu stellen und Verstehensschwierigkeiten zu benennen. Dies kann etwa die Frage nach dem Verhältnis von biblischen Schöpfungsgeschichten und naturwissenschaftlichem Weltbild betreffen, die Frage nach Krieg und Gewalt in der Bibel oder die Frage nach dem Sinn von Wundergeschichten und Wundermotiven, insbesondere in der Jesusüberlieferung. Indem die Lehrkraft selbst zu solchem Fragen anleitet, wird deutlich, dass die kritische und denkerische Auseinandersetzung mit der Bibel nichts ist, was dem christlichen Glauben entgegensteht, sondern vielmehr wesentlich zu einer angemessenen Beschäftigung mit der Bibel dazugehört. Wichtig ist dann natürlich, im weiteren Verlauf nicht bei den kritischen Fragen stehen zu bleiben, sondern mögliche Antworten in den Blick zu nehmen. Ergebnisse der wissenschaftlichen Bibelforschung können, altersgemäß aufbereitet und vermittelt, gerade jugendlichen Schülern zeigen, dass es jenseits der Alternative von naivem Kinderglauben oder Ablehnung der biblischen Botschaft noch andere Möglichkeiten des Bibelverständnisses gibt.

Die kritische Auseinandersetzung mit der Tradition kann sich dann auch auf kirchengeschichtliche Themen ausweiten, die bei Schülern häufig auf großes Interesse stoßen, deren Thematisierung aber in Bildungsplänen und Unterrichtsmaterialien so gut wie nie vorgesehen ist: Kreuzzüge, Hexenverfolgungen, Ketzerprozesse und ähnliche dunkle Seiten der Kirchengeschichte lohnen eine intensive Beschäftigung im Religionsunterricht schon allein deshalb, weil sie in den Medien breit thematisiert und einseitig skandalträchtig dargestellt werden. Gerade bei diesen Themen ist es wichtig, einerseits Fehlentwicklungen nicht schönzureden, andererseits aber die Schüler auch dazu anzuleiten, zunächst einmal alle Fakten zur Kenntnis zu nehmen und dann in einem weiteren Schritt geschichtliche Entwicklungen aus ihrer Zeit heraus zu verstehen ohne heutige Maßstäbe unkritisch auf frühere Zeiten zu übertragen. Eine solche Beschäftigung etwa mit der Kreuzzugsbewegung im Mittelalter kann Erkenntnisse zu Tage fördern, die bei aller berechtigten Kritik deutlich vielschichtiger sind als gängige Schlagwortdiskussionen in den Medien.

Wo solch eine kritische Auseinandersetzung mit der Tradition im Religionsunterricht geführt wird, kann dies das Kirchenbild und das Verhältnis zur Kirche von Jungen und jungen Männern nachhaltig positiv prägen, ebenso wie umgekehrt jeder Versuch von Indoktrination das Verhältnis zur Kirche nachhaltig beschädigt. Dies ist das Ergebnis empirischer Untersuchungen bei Männern im Blick auf den von ihnen erlebten (schulischen und kirchlichen) Unterricht:

> Eine offene Auseinandersetzung ohne implizite Zielvorgabe – nicht nur im Unterricht, sondern generell im Gespräch mit Kirchenvertretern – bildet für die Männer die entscheidende Grundvoraussetzung für eine weitere Begegnung mit Kirche überhaupt. Wann immer den Männern die Möglichkeit zu einer solchen Auseinandersetzung gegeben wurde, wird das durchweg positiv markiert.[8]

5.6 Grenzerfahrungen

An die Grenze gehen und sich herausfordern lassen ist eine klassische Stärke von Jungen. Sie kann im Religionsunterricht immer dort zur Geltung kommen, wo Grenzerfahrungen thematisiert und Menschen vorgestellt werden, die Herausforderungen angehen.

Der Umgang mit Grenzen und Grenzerfahrungen kann im Unterricht in verschiedenen Zusammenhängen thematisiert werden. Beim Thema Extremsport etwa bietet sich die Möglichkeit darüber

---

8 Engelbrecht, S. 159.

ins Gespräch zu kommen, warum Menschen solche Grenzerfahrungen suchen. Beim Thema Sucht kann vor allem thematisiert werden, warum manchen Menschen ein sinnvoller und lebensfördernder Umgang mit Grenzen nicht gelingt. Beim Gespräch über Nahtoderfahrungen kann schließlich diskutiert werden, welcher Umgang mit der Grenze des Todes für den Einzelnen wie für die Gesellschaft insgesamt angemessen ist und welche Impulse der christliche Glaube hier geben kann. Bei all diesen und bei weiteren Themen, die den Umgang mit Grenzen zum Thema haben, ist es wichtig eine offene Diskussion zu ermöglichen. Die Faszination von Grenzüberschreitungen und die positive Kraft, die darin stecken kann, soll ebenso Raum bekommen wie der – berechtigte! – Hinweis auf Gefahren.

Neben Grenzerfahrungen gehört auch der Umgang mit Herausforderungen zu diesem Themenbereich. Dies kann insbesondere durch die Beschäftigung mit Menschen thematisiert werden, die sich – persönlichen wie gesellschaftlichen – Herausforderungen stellten und stellen. Menschen, die persönliche Lebenskrisen durchlebt und bewältigt haben, können hier ebenso in den Blick genommen werden wie Menschen, die sich gesellschaftlichen Herausforderungen stellen und entsprechende Projekte ins Leben gerufen haben oder an ihnen mitwirken.

Auch hier ist es wichtig, in der Beschäftigung mit Herausforderungen und Menschen, die sie angehen, Raum für Zwischentöne und Ambivalenzen zu lassen, Erfolge ebenso zu thematisieren wie Niederlagen, Chancen ebenso wie Gefahren. So können Jungen darin bestärkt werden, in einem guten Sinn Herausforderungen anzugehen und Grenzen auszutesten und dabei für sich und andere Lebensräume zu erschließen. So können sie zugleich umgekehrt sensibel werden dafür, wie ein unguter Umgang mit Grenzen für sie selbst wie auch für andere Lebensräume beschneiden und verschließen kann.

6. Immer nur schön und harmonisch? Ästhetik eines jungengerechten Religionsunterrichts

Dass Religion von Schülern vielfach als Mädchenfach wahrgenommen wird, dürfte nicht nur mit den Themen zu tun haben, die im Unterricht behandelt werden, sondern auch mit der Ästhetik, die dieses Fach im Schulalltag prägt. Diese Schlussfolgerung legt sich nahe, wenn man die Ergebnisse der Rostocker Langzeitstudie zu Gottesvorstellungen von Jungen und Mädchen betrachtet:[1]

> Die Konsequenz für den Religionsunterricht könnte heißen, unter dem Gesichtspunkt der Geschlechtergerechtigkeit der Methodenfrage neue Aufmerksamkeit zu schenken. Gefragt werden könnte: Sind die propagierten Zugänge und Verarbeitungsformen mit spezieller Ästhetisierung (z. B. Kett-Materialien, Egli-Figuren, Godly-Play) unter diesem Gesichtspunkt wirklich konstruktiv? Brauchen wir – um der Interessen von Jungs, aber auch um der Inhalte willen – nicht dringlich solche Zugänge und Verarbeitungsformen, die auch Raum geben, das Dunkle, Sperrige und Brüchige von Leben und Glauben auszudrücken?[2]

Ein jungengerechter Religionsunterricht muss sich daher auch mit der Frage befassen, welche Materialien und welche ästhetischen Inszenierungen er den Schülern für religiöse Lernprozesse anbietet. Dies soll im folgenden Kapitel exemplarisch im Blick auf Bodenbilder und Arbeitsmaterialien im Religionsunterricht bedacht werden.

---

1 Vgl. Szagun 2011.
2 Ebd., S. 176.

6.1 Bodenbilder

Bodenbilder gewinnen seit einiger Zeit im Religionsunterricht an Bedeutung. Ihre Vorzüge sind unbestritten:[3] Sitzen die Schüler im Stuhlkreis und betrachten ein in der Mitte liegendes Bild, das dort bereits liegt oder sich im Verlauf einer Stunde schrittweise entwickelt, so hat das einerseits eine sammelnde Funktion (die Aufmerksamkeit der Schüler konzentriert sich auf die Mitte), zum anderen eine demokratische Funktion (alle Kinder haben die gleiche Entfernung zum Bild und damit die gleichen Zugangsmöglichkeiten, alle sind gleich wichtig). Das Bild kann schließlich zur Interaktion anregen, indem Kinder das Bodenbild mitgestalten und verändern können.

Sind also die Chancen von Bodenbildern unbestritten, so sind die Materialien, die zu ihrer Gestaltung vorgeschlagen werden, in der Regel sehr stark auf eine harmonische Ästhetik ausgerichtet.[4] Es dominieren farbige Tücher, Kerzen sowie Figuren und Formen aus Stoff, Filz oder ähnlichen Materialien. Diese Materialien sind gut geeignet um eine Atmosphäre von Schönheit, Harmonie und Ruhe zu schaffen. Wenig Raum bieten sie dagegen für die symbolische Darstellung von Konflikten, von energiegeladenen Inhalten, von Unordnung, Wettkampf und Dynamik. Wenig Raum bieten sie auch, um Freude an Handwerk und Technik zum Ausdruck zu bringen. Die Materialien, die bei Bodenbildern üblicherweise verwendet werden, kommen damit klassischen Jungen-Stärken nur wenig entgegen.

Dies ist umso bedauerlicher, weil Bodenbilder ja nicht zwangsläufig mit den oben erwähnten Materialien gestaltet werden müssen. Die konkrete Gestaltung von Bodenbildern im Religionsunterricht kann im Blick auf die Materialien leicht erweitert werden, sodass neben Filz und Tüchern auch Steine und Scherben, neben Egli-Figuren auch Playmobil- oder Lego-Figuren, neben Kerzen auch Werkzeuge oder technische Geräte, neben schönen Bildern auch zerrissene oder unfertige Bilder zum Einsatz kommen können. Je nach biblischer Geschichte, für die das Bodenbild gestaltet wird, sind diese anderen Materialien möglicherweise sogar angemessener, weil sie

---
3   Vgl. Zeeh-Silva 2012, S. 11–13.
4   Vgl. z. B. die Materialliste bei Schaupp, S. 180.

sichtbar machen, dass es auch in der Bibel nicht immer harmonisch und ruhig zugeht. In diesem Fall kann die sammelnde Funktion des Bodenbilds zu Gunsten einer anregenden, Spannung und Diskussion auslösenden Funktion zurücktreten.

Verwendet eine Lehrkraft also bei den Bodenbildern nicht einseitig auf Harmonie und Schönheit ausgerichtete Materialien, sondern bezieht sie bewusst Kantiges und Schroffes in ihre Bodenbilder mit ein, so ergibt sich die Chance, dass sich in den Bodenbildern und den verwendeten Materialien der oben beschriebene Umgang mit biblischen Geschichten widerspiegelt, der Ambivalenzen nicht ausblendet und Inhalte nicht vorschnell glättet.

6.2 Arbeitsmaterialien

Was für die Bodenbilder gesagt wurde, gilt analog auch für die Arbeitsmaterialien, die im Religionsunterricht Verwendung finden. Auch hier dominiert der Umgang mit ästhetisch schönen und harmonischen Dingen. Schüler können im Unterricht typischerweise etwa Mandalas ausmalen, Kerzen mit Wachs verzieren, Plakate gestalten, Weihnachtsschmuck basteln oder ihr Religionsheft mit Holzfarben gestalten. All diese Materialien sind gut und sinnvoll. Wie die ästhetisch ansprechenden Bodenbilder fördern sie bei Jungen die Fähigkeit zu Stille und Achtsamkeit. Kommen jedoch nur solche Materialien zum Einsatz, machen sie es den Jungen schwer, sich auf das Fach Religion einzulassen, weil typische Jungen-Stärken nicht angesprochen werden.

Auch für die Materialien gilt daher: Es ist für Jungen hilfreich, wenn neben den klassischen Materialien immer wieder auch andere zur Verfügung stehen, die neue Räume eröffnen: Räume, in denen man etwas erforschen oder konstruieren kann. Räume, in denen es nicht nur harmonisch zugeht. Räume, in denen man sich messen und an Grenzen gehen kann.

Der Fantasie sind hier grundsätzlich keine Grenzen gesetzt. Wichtig ist vor allem, dass die Lehrkraft sich darüber bewusst ist, dass die verwendeten Materialien nicht neutral sind, sondern den Unterricht in die eine oder andere Richtung hin profilieren.

7. Jungs und Gott: Spirituelle Elemente

Die biblische Botschaft stellt uns eine große Vielfalt an Männerbildern vor, die auf sehr unterschiedliche Weise in Beziehung zu Gott treten und auf unterschiedliche Weise ihren Glauben leben.

Ein Religionsunterricht, der diese Vielfalt anerkennen und fördern will, wird nicht davon ausgehen, dass es die *eine* männliche Spiritualität gibt, die alle Jungen gleichermaßen anspricht. Es ist daher für einen jungengerechten Religionsunterricht nicht sinnvoll archetypische Bilder von Männlichkeit wie etwa das des Kriegers oder des Liebhabers für alle zur Norm zu erheben und Jungen dazu zu drängen, sich diese in Ritualen anzueignen. Aufgabe der Religionslehrkräfte ist es vielmehr, Jungen (und Mädchen) bei der Suche nach für sie tragfähigen spirituellen Formen zu unterstützen. Dazu braucht es ein vielfältiges Angebot, das es Jungen ermöglicht zu experimentieren, sich probeweise verschiedenen Formen auszusetzen, die gemachten Erfahrungen zu reflektieren und so auch in spirituellen Fragen mündig zu werden.

Im Folgenden werden einige Vorschläge gemacht, wie Jungen der Zugang zu Spiritualität erleichtert werden kann, sodass sie im Ausprobieren und sich Einlassen ihre eigenen spirituellen Formen finden können, wenn sie das möchten. Die Vorschläge orientieren sich an den klassischen Jungen-Stärken. Sie können die spirituellen Elemente, die bisher im Religionsunterricht verbreitet sind, ergänzen, sollen sie aber nicht ersetzen, weil diese in der Regel dort ansetzen, wo Jungen häufig Entwicklungsaufgaben haben, und deshalb für sie ebenfalls hilfreich sind.[1]

---

1 Vgl. zu verbreiteten spirituellen Elementen im Religionsunterricht z. B. die Anregungen bei Rendle 2008. Zu jungengerechten spirituellen Elementen bietet Dirk Schliephakes Konzept der »spielenden Liturgie« Anregungen (vgl. Schliephake 2008).

Der Freude, die Jungen häufig an Bewegung empfinden, kann in unterschiedlichen spirituellen Formen entsprochen werden. So ist es etwa möglich, ein Thema mit einem *Wege-Gottesdienst im Freien* abzuschließen. Die Schüler machen sich dabei auf den Weg nach draußen und erleben an verschiedenen Stationen kleine spirituelle Impulse wie Lieder, Gebete, Gedanken oder Symbolhandlungen. Diese können inhaltlich aufeinander aufbauen oder assoziativ miteinander verbunden sein. Der Weg beginnt und endet im Klassenzimmer.

Steht etwas mehr Zeit zur Verfügung (mindestens eine Doppelstunde), so kann der Lehrer die Schüler mitnehmen auf einen kleinen Pilgerweg. Bei diesem *Mini-Pilgern* ist der Weg das Entscheidende, weniger das anvisierte Ziel des Weges. Deshalb brauchen die Schüler Hilfen um den Weg für sich gut zu gestalten. Idealerweise gehen die Schüler schweigend von Station zu Station, jeweils mit einer Frage oder einem Impuls zum Nachdenken.

In der Passionszeit können die Schüler die Stationen des *Kreuzweges* nachgehen. Dies kann entlang der Stationen in einer (katholischen) Kirche geschehen oder noch besser im Freien, wobei es auch hier wichtig ist, den Schülern für den Weg zwischen den Stationen Hilfestellungen zu geben, damit sie wirklich den gesamten Weg als spirituelle Übung angehen können.

Das Interesse von Jungen an Grenzerfahrungen wird aufgenommen, wo spirituelle Elemente an ungewöhnlichen Orten oder zu ungewöhnlichen Zeiten stattfinden. *Andachten an ungewöhnlichen Orten* sind im Rahmen des Religionsunterrichts gut möglich. So kann ein spiritueller Impuls je nach Thema einmal nicht im Klassenzimmer stattfinden, sondern vielleicht an einer Unterführung, in einer stillgelegten Fabrik, in der Fußgängerzone, an einem Fluss oder in einem Park. Wichtig ist, dass der gewählte Ort zum jeweiligen Inhalt passt und so einen stimmigen spirituellen Impuls ermöglicht. Ein Lob der Schöpfung etwa hat seinen Ort idealerweise in der Natur. Zum Thema *Wofür lohnt es sich zu leben* kann dagegen ein Impuls mitten in der Stadt sinnvoller sein, wohingegen sich ein Flussufer gut eignet, wenn das Thema *Im Fluss sein* lautet.

Schwieriger als ungewöhnliche Orte sind *ungewöhnliche Zeiten für spirituelle Elemente* im Schulalltag zu realisieren. Ein Nachtgebet in einer Kirche ist für Jungen sicher eindrücklich, lässt sich aber wohl nur im Rahmen von Projekttagen oder Klassenfahrten durchführen. Gerade im Winter jedoch findet die erste Schulstunde in der Regel statt, wenn es draußen dunkel ist. Dies bietet, nicht nur im Advent, vielfältige Möglichkeiten, den Übergang von der Nacht zum Tag geistlich zu gestalten.

Da viele Jungen leichter Zugang zu einem Thema finden, wenn sie selbst aktiv werden können, lassen sie sich in der Regel gerne auf *Symbolhandlungen* ein. Hierbei eignen sich die Schüler einen spirituellen Inhalt persönlich an, indem sie ihn symbolisch nachvollziehen. So wird z. B. nicht nur über Schuld und Vergebung gesprochen, sondern ein selbst geschriebener Schuldschein wird zerrissen.[2] Brüche und Verletzungen im eigenen Leben werden nicht nur in der Stille bedacht, sondern können durch das Ablegen einer Scherbe symbolisch vor Gott gebracht werden.

Im Blick auf die ästhetische Dimension spiritueller Elemente kann man den Bedürfnissen und Vorlieben von Jungen gerecht werden, wenn man *moderne technische Hilfsmittel* nutzt. Dazu gehören zum Beispiel Musik über gute Lautsprecher und optische Impulse wie Videoclips oder Bilder in ansprechender Qualität. Dazu gehören aber auch z. B. besondere Lichteffekte bei der Raumgestaltung. Gerade bei Gottesdiensten an der Schule kann eine gute technische Ausstattung erheblich dazu beitragen, dass ein Gottesdienst von Jungen als ansprechend erlebt wird. Nicht zuletzt bietet die technische Ausgestaltung eines Gottesdienstes eine gute Gelegenheit für Jungen sich in die Gestaltung des Gottesdienstes einzubringen, Teil eines gemeinsam gestalteten Projekts zu sein und eigene Stärken und eigenes Fachwissen einzubringen.

Im Blick auf die Inhalte der spirituellen Formen ist es für Jungen hilfreich, wenn sie Nähe und Distanz zu den religiösen Inhalten selbst bestimmen können, wenn es also innerhalb der spirituellen Form die *Möglichkeit* gibt *sich zu distanzieren*. Diese Möglichkeit zur Distanzierung kann auch ausdrücklich als Inhalt des spirituellen Impulses mit aufgenommen werden, analog zur Thomasmesse, bei der Fragen und Zweifel ausdrücklich Teil des spirituellen Inhalts sind.

---

2 Vgl. zu dieser Idee ausführlich Obenauer 2004.

So kann dem Bedürfnis vieler Jungen, sich kritisch mit vorgegebenen Traditionen auseinanderzusetzen, auch innerhalb der spirituellen Elemente selbst entsprochen werden.

Weiter können unter inhaltlichen Gesichtspunkten für Jungen solche spirituellen Impulse interessant sein, bei denen spürbar wird, wie die eigene Person im Glauben Anteil an einer großen und bedeutsamen Sache hat. Dies kann z. B. bei einem *politischen Gebet* deutlich werden, in dem die Schüler wichtige gesellschaftliche Fragen oder benachteiligte und unterdrückte Menschen vor Gott bringen und dies gegebenenfalls mit Formen symbolischen Protests verbinden. Dies kann je nach Klassensituation auch in einer missionarisch ausgerichteten Gebetszeit der Fall sein. Bei diesen inhaltlich profilierten spirituellen Formen ist ganz besonders darauf zu achten, dass die Schüler die Möglichkeit haben sich von Inhalten zu distanzieren, die sie nicht überzeugen. Keinesfalls dürfen spirituelle Elemente dazu missbraucht werden, den Schülern bestimmte Inhalte überzustülpen.

Empirische Untersuchungen unter Männern legen die Vermutung nahe, dass Männer Spiritualität vor allem dann als hilfreich für ihre Lebensgestaltung empfinden, wenn sie ihnen ermöglicht in eine Gegenwelt zum Alltag einzutauchen und von dort her Kraft und neue Impulse für die Bewältigung des Alltags zu gewinnen.[3] Es lohnt sich in der Vorbereitung spiritueller Elemente für den Religionsunterricht diesen Aspekt mit in den Blick zu nehmen: Wie können entsprechende Bausteine im Unterricht so gestaltet werden, dass sie es den Schülern ermöglichen, für eine Zeit aus dem Schulalltag auszusteigen, sich neu zu sammeln und mit neuen Kräften zurück an ihre Aufgaben zu gehen? Diese Blickrichtung ermöglicht es den Schülern, eine im guten Sinne alltagsrelevante Spiritualität kennenzulernen und einzuüben. Die Kontaktaufnahme mit Gott wird damit als eine Dimension des Lebens erkennbar, die alle anderen Lebensbereiche prägt und durchzieht, und nicht als Sonderbereich des Lebens, der mit den übrigen Freuden, Sorgen und Herausforderungen nichts zu tun hat.

---

3   Vgl. zum Begriffspaar Welt – Gegenwelt und zu möglichen Verbindungen zur Spiritualität Engelbrecht, S. 137–150.

8. Reli für Jungs praktisch: Methoden

Wenn es um die Frage geht, warum sich Jungen eher schwer für den Religionsunterricht begeistern lassen, liegt es nahe die Methoden[1] besonders in den Blick zu nehmen. Da sie – neben der jeweiligen Lehrkraft – in den Augen der Schüler ein Unterrichtsfach maßgeblich prägen, darf vermutet werden, dass die herkömmlich im Religionsunterricht verwendeten Methoden einen erheblichen Beitrag dazu leisten, dass sich Jungen mit diesem Fach eher schwer tun.[2] Im folgenden Kapitel soll daher zunächst geklärt werden, was bei der Methodenauswahl für einen jungengerechten Religionsunterricht zu beachten ist. Anschließend werden verschiedene Methoden und ihre jeweiligen Einsatzmöglichkeiten kurz skizziert.

8.1 Spezielle Methoden für Jungen und Religionspädagogik der Vielfalt – ein Balanceakt

Was bereits für den Religionsunterricht allgemein gesagt wurde, gilt für die Wahl der Methoden im Religionsunterricht in ganz besonderer Weise: Ein jungengerechter Religionsunterricht, der sich einer Pädagogik der Vielfalt verpflichtet weiß, steckt hier in einem Dilemma: Einerseits ist es notwendig, in der Wahl der Methoden an typische Jungen-Stärken und Jungen-Interessen anzuknüpfen um Jungen für den Religionsunterricht zu interessieren und ihnen zu ermöglichen ihre Stärken einzubringen. Andererseits darf dies

---

1 Im folgenden Kapitel nehme ich Anregungen von Adam/Lachmann [5]2010 und [3]2010, Benz/Butt 2011, Simma 2013, Kliemann 1997, Meyer 1989, Niehl/Thömmes 2002, Rendle 2008, Sturzenhecker 2002 und Wild 2008 auf. Ebenso bedanke ich mich für die Anregungen von zahlreichen Kolleginnen und Kollegen, die ich bei Fortbildungen und Unterrichtsbesuchen erhalten habe.
2 Vgl. zu dieser Vermutung, zu der es meines Wissens aber noch keine empirischen Nachweise gibt, bereits Jakobs 2009, S. 54, Anm. 26, sowie Szagun 2011, S. 176.

nicht dazu führen klassische Rollentypisierungen zu stabilisieren und so Vielfalt gerade zu verhindern.

Aus diesem Grund werden hier zunächst solche Methoden vorgestellt, die an klassische Jungen-Stärken anknüpfen. In einem zweiten Schritt werden dann solche Methoden skizziert, die klassische Rollenmuster erweitern und dort ansetzen, wo Jungen häufig besonderen Entwicklungsbedarf haben. Bei der konkreten Beschreibung der Methoden wird deutlich werden, dass sich manche Methoden nicht eindeutig der einen oder anderen Gruppe zuordnen lassen, dass sie also sowohl an klassische Jungen-Stärken anknüpfen als auch klassische Entwicklungsaufgaben von Jungen fördern.

Diese Methodeneinordnung, das sei noch einmal betont, orientiert sich an geschlechtstypischen Verhaltensweisen. Die konkreten Jungen in einer Klasse können unter Umständen in ihrer je eigenen Individualität ganz andere Stärken und ganz andere Entwicklungsbedürfnisse haben. Dies gilt analog selbstverständlich auch für die Mädchen, bei denen vermutet werden kann, dass sie ausgehend von klassischen Rollenzuschreibungen tendenziell eher dort ihre Stärken haben, wo bei Jungen die Entwicklungsaufgaben liegen und umgekehrt.

Durch einen reflektierten Methodeneinsatz im Religionsunterricht ist es möglich, Jungen und Mädchen gezielt individuell zu fördern und ihnen so zusätzliche Kompetenzen und Handlungsspielräume zu ermöglichen. Ziel des Religionsunterrichts und seines differenzierten Methodeneinsatzes ist es somit nicht Androgynität zu fördern, sondern vielmehr Jungen wie Mädchen Spielräume zur je individuellen Ausgestaltung ihrer Geschlechterrolle zu ermöglichen.

Auch im Blick auf die Methoden gilt – ähnlich wie im Blick auf Themen und Inhalte –, dass es zeitweise sinnvoll sein kann in geschlechtshomogenen Gruppen zu arbeiten.[3]

---

3 Vgl. als Beispiel die nach Geschlechtern getrennte Unterrichtseinheit zum Thema *Liebe und Partnerschaft* bei Obenauer/Rimmele 2003.

8.2 Methoden, die gängigen männlichen Rollenzuschreibungen entsprechen

Die in diesem Abschnitt vorgestellten Methoden knüpfen an klassische Jungenstärken an, wie sie oben skizziert wurden. Sie sollten in einem jungengerechten Religionsunterricht zunächst im Vordergrund stehen, weil sie es Jungen ermöglichen, das, was sie gut können und gerne tun, in das Unterrichtsgeschehen einzubringen. Jungen im Religionsunterricht zu fördern gelingt am besten, wenn der Unterricht bei diesen Stärken anknüpft: »Die Kunst dieser Förderung besteht darin, die tief verankerten Muster der geschlechtsorientierten männlichen Lebensführung als Ausgangspunkt zu nehmen. Erst von diesem Ausgangspunkt aus können weiterführende Perspektiven erschlossen werden.«[4] Ausgehend von diesen klassischen Stärken und den zugehörigen Methoden können dann auch klassisch männliche Entwicklungsaufgaben in den Blick genommen werden. Hierfür passende Methoden werden im nächsten Abschnitt vorgestellt.

Die vorgestellten Methoden werden in diesem Kapitel jeweils grundsätzlich in ihrem Ablauf und ihren Einsatzmöglichkeiten skizziert.

8.2.1 Methoden mit Wettkampfcharakter

Quiz 1: Der große Preis
Klassenstufe: alle Klassenstufen
Zeit: je nach Zahl der Fragen 15–45 Min
Material: Spielplan (auf der Tafel oder dem Tageslichtprojektor)
Beschreibung: Die Schüler spielen in Mannschaften gegeneinander. Auf dem Spielplan finden sich waagerecht ca. fünf Kategorien (= Unterthemen des Hauptthemas), zu denen es senkrecht je fünf Felder gibt. Die Felder sind in jeder Kategorie von 1 bis 5 durchnummeriert. Hinter jedem Feld verbirgt sich eine Frage. Die Fragen sind aufsteigend nach Schwierigkeit sortiert. Hinter Feld 1 verbirgt sich

---

4   Hurrelmann 2011, S. 7. Hurrelmann stellt m. E. überzeugend dar, dass die gezielte Förderung von Mädchen in der Schule genau nach diesem Prinzip funktionierte und deshalb so erfolgreich war; vgl. ebd.

die leichteste Frage, hinter Feld fünf die schwierigste. Die Mannschaften wählen reihum ein Feld aus. Der Lehrer stellt die zugehörige Frage. Die Mannschaft berät sich. Die erste laut geäußerte Antwort zählt. Ist sie richtig, erhält die Mannschaft entsprechend viele Punkte (für eine Frage aus Feld 1 einen Punkt, für eine Frage aus Feld 2 zwei Punkte usw.). Gewonnen hat, wer am Ende die meisten Punkte gesammelt hat.

Sinn: Das Quiz eignet sich gut als Ergebnissicherung am Ende einer Unterrichtseinheit. Es kann aber auch als Einstieg in ein neues Thema zur Motivation und zur Aktivierung von Vorwissen eingesetzt werden. Am Ende eines Schuljahrs kann das Quiz alle Themen des Jahres umfassen und wiederholen.

Quiz 2: Wissen und Action

Klassenstufe: alle Klassenstufen
Zeit: je nach Zahl der Fragen und Aufgaben 20–60 Min
Material: Spielplan (auf der Tafel oder dem Tageslichtprojektor)
Beschreibung: In dieser Variation des *Großen Preises* gibt es zusätzlich noch eine oder mehrere Kategorien, bei denen sich hinter den Feldern keine Wissensfragen verbergen, sondern Aufgaben, die erledigt werden müssen (z. B. eine Szene vorspielen, einen bestimmten Gegenstand auftreiben, sich etwas trauen, mehrere Argumente zu einer Diskussionsfrage finden …).

Sinn: Durch die Kombination von Wissensfragen und gemeinsam zu erledigenden Aufgaben eignet sich diese Variante gut, um die Schüler ganzheitlich mit einem Thema in Kontakt zu bringen. Dies ist besonders sinnvoll bei Sachthemen mit vermutlich hoher persönlicher Betroffenheit (Liebe und Partnerschaft, Sucht/Drogen, Gewalt etc.).

Quiz 3: Wahr oder falsch?

Klassenstufe: alle Klassenstufen
Zeit: je nach Zahl der Fragen 20–45 Min
Material: Schreibzeug für jede Gruppe
Beschreibung: Die Schüler spielen in Mannschaften gegeneinander, bei kleinen Klassen evtl. auch einzeln; der Lehrer liest zu einem Thema ca. 10–15 Aussagesätze vor. Die Gruppen beraten jeweils, ob die Aussage wahr oder falsch ist und notieren ihre Meinung auf

einem Blatt. Wer die meisten richtigen Tipps abgegeben hat, hat gewonnen. Bei Gleichstand entscheidet eine Schätzfrage.
Sinn: Das Quiz eignet sich zum Einstieg in ein neues Thema um das Vorwissen der Schüler zu aktivieren und sie auf das Thema neugierig zu machen; auch als Wiederholung und Ergebnissicherung am Ende eines Themas ist es geeignet.

Quiz 4: Bibel-who-is-who
Klassenstufe: Klasse 1–6
Zeit: je nach Zahl der Raterunden 10–30 Min
Material: Tafel oder Tageslichtprojektor
Beschreibung: Die Schüler spielen in Gruppen gegeneinander und erraten Personen aus der Bibel. Diese werden entweder vom Lehrer oder einem Schüler vorgespielt oder an die Tafel bzw. auf Folie gemalt. Statt Personen können auch Gegenstände erraten werden.
Sinn: Die Methode eignet sich als Ergebnissicherung bei biblischen Geschichten, in denen mehrere Gegenstände oder Personen vorkommen.

Quiz 5: Schülerquiz
Klassenstufe: alle Klassenstufen
Zeit: 20–45 Min
Material: keines
Beschreibung: Die Schüler überlegen sich in Gruppen Fragen zum behandelten Thema. Die Fragen werden jeweils den anderen Gruppen gestellt. Diejenige Gruppe, die die Frage als erste richtig beantwortet, erhält einen Punkt. Kann keine Gruppe die Frage richtig beantworten, erhält diejenige Gruppe, die sich die Frage ausgedacht hat, drei Punkte.
Sinn: Die Methode eignet sich zur Ergebnissicherung. Da die Schüler sich selbst Fragen überlegen müssen und möglichst schwierige Fragen finden sollen, ist ihre Aktivität hoch und der Wiederholungseffekt groß.

Quiz 6: Bilderraten (Dalli klick)
Klassenstufe: alle Klassenstufen
Zeit: je nach Zahl der Bilder 10–45 Minuten

Material: Computer/Beamer/Präsentation, auf der Bilder so gespeichert sind, dass sie schrittweise aufgedeckt werden können[5]
Beschreibung: Die Schüler erraten Bilder, die zunächst komplett verdeckt sind und Schritt für Schritt aufgedeckt werden. Das Ratespiel kann in Gruppen gegeneinander gespielt werden. Je früher ein Bild erraten wurde, desto mehr Punkte erhält die Gruppe.
Sinn: Das Bilderraten eignet sich als Ergebnissicherung bei Themen, deren Inhalte über Fotos erschlossen werden können. Auch zu Beginn einer Einheit kann das Rätsel Verwendung finden um Vorwissen abzufragen.

Quiz 7: Reli-Fußball indoor

Klassenstufe: bis Klasse 6
Zeit: 10–20 Min
Material: Fußball aus Papier/Klebestreifen
Beschreibung: An die Tafel wird ein Fußballfeld (Mittellinie, Strafräume, Tore) gezeichnet. Ein Ball aus Papier wird auf der Mittellinie befestigt. Die Schüler spielen in zwei Mannschaften gegeneinander. Der Lehrer stellt eine Frage. Wird sie von einer Mannschaft richtig beantwortet, wird der Ball auf dem gegnerischen Strafraum befestigt. Wird von derselben Mannschaft auch die nächste Frage richtig beantwortet, wandert der Ball ins Tor und die Mannschaft geht in Führung. Beantwortet dagegen die gegnerische Mannschaft diese Frage richtig, wandert der Ball zurück auf die Mittellinie usw. Gespielt wird entweder mit einer vorgegebenen Anzahl von Fragen oder bis zu einer vorher vereinbarten Anzahl von Toren. Gewonnen hat die Mannschaft, die die meisten Tore erzielt hat.
Sinn: Die Methode ist besonders gut als Ergebnissicherung am Ende der Stunde oder am Ende einer Unterrichtseinheit geeignet.

Quiz 8: Reli-Fußball outdoor

Klassenstufe: bis Klasse 8
Zeit: 10–20 Min
Material: Fußball/Tor

---

[5] Anleitungen zum Einrichten einer solchen Präsentation finden sich im Internet unter dem Stichwort *Dalli klick*.

Beschreibung: Die Schüler spielen auf dem Fußballplatz oder auf dem Pausenhof in zwei Mannschaften gegeneinander. Die Mannschaften erhalten abwechselnd eine Frage. Wird sie richtig beantwortet, darf ein Schüler aus der Mannschaft einen Elfmeter schießen. Verwandelt er, wird seiner Mannschaft ein Tor gutgeschrieben. Gewonnen hat die Mannschaft, die die meisten Tore erzielt hat.

Sinn: Durch die Verbindung von Quiz und sportlichen Elementen eignet sich diese Methode besonders dann als Ergebnissicherung, wenn eine Klasse hohen Bewegungsdrang hat, z. B. bei Randstunden, Nachmittagsstunden oder allgemein im Sommer.

Quiz 9: Ja-Stuhl oder Nein-Stuhl?

Klassenstufe: Klasse 1–7
Zeit: je nach Zahl der Sätze 5–15 Min
Material: zwei Stühle, beschriftet mit »Ja« und »Nein«
Beschreibung: Die Schüler stellen sich in zwei gleich großen Mannschaften im hinteren Teil des Klassenzimmers auf. Vorne an der Tafel stehen zwei Stühle, ein »Ja-Stuhl« und ein »Nein-Stuhl«. Die übrigen Stühle und Tische werden zur Seite gestellt, sodass die Schüler ohne Verletzungsgefahr zu den beiden Stühlen laufen können. Der Lehrer liest einen Aussagesatz vor. Die beiden ersten Schüler jeder Mannschaft überlegen, ob die Aussage richtig oder falsch ist. Wer glaubt die Antwort zu wissen, läuft los und setzt sich auf den passenden Stuhl (Ja-Stuhl bei richtiger Aussage, Nein-Stuhl bei falscher Aussage). Sobald ein Schüler sitzt, wird die Runde aufgelöst. Sitzt er auf dem richtigen Stuhl, erhält seine Mannschaft einen Punkt. Sitzt er auf dem falschen Stuhl, erhält die gegnerische Mannschaft den Punkt. Dann sind die beiden nächsten Spieler an der Reihe. Das Spiel ist zu Ende, wenn jeder Schüler einmal dran war, gewonnen hat die Mannschaft mit den meisten Punkten.

Sinn: Dieses Spiel eignet sich gut als Ergebnissicherung am Ende einer Stunde oder einer Unterrichtseinheit. Insbesondere in Stunden am Ende des Vormittags oder am Nachmittag kann das Spiel gut eingesetzt werden, weil es Nachdenken und Bewegung miteinander verbindet.

Bibeldetektive

Klassenstufe: Klasse 5–7
Zeit: je nach Zahl der Bibelstellen 10–20 Min
Material: Bibeln (Klassensatz)
Beschreibung: Die Schüler spielen einzeln oder in Mannschaften gegeneinander. Der Lehrer gibt eine Anzahl an Bibelstellen vor. Die Schüler suchen die Stellen und schreiben jeweils die ersten drei Worte auf. Wer als erstes fertig ist, ruft »Stopp«, dann müssen alle Bibeln zugeschlagen werden und die Auflösung beginnt. Gewonnen hat, wer die meisten Stellen richtig gefunden hat. Alternativ kann die Aufgabenstellung auch lauten, in den vorgegebenen Bibelstellen jeweils eine Person, ein Tier, eine Stadt etc. zu finden.
Sinn: Die Methode ermöglicht es den Schülern auf spielerische Weise, sich in der Bibel zurechtfinden zu lernen. Sie eignet sich damit gut für Unterrichtseinheiten, in denen die Schüler grundlegend in den Umgang mit der Bibel eingeführt werden.

Pro und contra

Klassenstufe: ab Klasse 7
Zeit: 30–45 Min
Material: keines
Beschreibung: Zu einer vorgegebenen Diskussionsfrage wird eine pro- und eine contra-Partei gebildet. Beide Parteien bestehen aus drei bis vier Schülern. Die übrige Klasse ist das Publikum. Zu Beginn wird (in Anwesenheit der Diskussionsparteien) im Publikum abgestimmt, wie es zu der diskutierten Frage steht. Danach diskutieren die pro- und die contra-Partei miteinander. Am Schluss stimmt das Publikum noch einmal ab. Über mögliche Veränderungen im Abstimmungsverhalten wird gesprochen.
Sinn: Die Methode eignet sich um auf spielerische und sportliche Weise über ein Thema zu diskutieren. Die Diskussion vor Publikum und mit abschließender Abstimmung kann die Energie bei den Diskutanten erhöhen.

Sich mit anderen messen

Klassenstufe: variiert je nach Wettbewerb
Zeit: variiert je nach Wettbewerb

Material: variiert je nach Wettbewerb
Beschreibung: Die Schüler nehmen an einem Wettbewerb teil, der von der Kirche, der Kommune, vom jeweiligen Bundesland oder einer anderen Einrichtung ausgeschrieben wird.
Sinn: Immer wieder werden Wettbewerbe für Schüler zu Themen ausgeschrieben, die für den Religionsunterricht relevant sind. Die Form des Wettbewerbs kann Schüler dazu motivieren, sich mit einem Thema gründlich zu beschäftigen, zum einen, weil in der Regel für die besten Beiträge Preise ausgelobt werden, zum anderen, weil durch die Form des Wettbewerbs plausibel wird, dass es sich bei dem vorgegebenen Thema um ein bedeutsames Thema handelt, mit dem sich eine Auseinandersetzung lohnt.

Wer macht das beste ...?

Klassenstufe: alle Klassenstufen
Zeit: 45–90 Min
Material: variiert je nach Thema
Beschreibung: Die Erarbeitung oder kreative Umsetzung eines Themas wird als Wettbewerb gestaltet, bei dem die Schüler einzeln oder in Gruppen gegeneinander antreten. Die Aufgabenstellung lautet: Wer macht das beste Graffiti, den originellsten Rap, das eindrücklichste Plakat ... zum Thema? Die Ergebnisse werden präsentiert. Die Bewertung der Arbeiten kann intern durch die Klasse oder extern durch kompetente Personen erfolgen.
Sinn: Die Methode eignet sich immer dann, wenn Schüler sich ein Thema selbstständig erarbeiten können oder wenn eine kreative Umsetzung des Themas nach der inhaltlichen Erarbeitung sinnvoll ist. Die Form des Wettbewerbs kann die Motivation erhöhen, sich gründlich mit einer Aufgabe zu beschäftigen und auf die Qualität der Ergebnisse Wert zu legen. Wichtig ist, dass die Bewertungskriterien vor Beginn der Arbeit am Thema bekannt sind.

8.2.2 Methoden mit Bewegung

Atomspiel
Klassenstufe: ab Klasse 5
Zeit: 15–20 Min
Material: Gong oder Klangschale
Beschreibung: Die Schüler gehen im Raum umher. Wenn das akustische Signal ertönt, gehen sie zu dritt zusammen und sprechen über eine vom Lehrer vorgegebene Frage. Wenn das Signal wieder ertönt, gehen sie wieder im Raum umher. Beim erneuten Klang des Signals bilden sie wieder Dreiergruppen, die jedoch neu zusammengesetzt sein müssen, und sprechen über dieselbe Frage. Eine dritte und evtl. eine vierte Runde können sich anschließen.
Sinn: Die Methode eignet sich, um die Schüler mit vielen Mitschülern ins Gespräch zu bringen. Sie kann in neu zusammengesetzten Klassen gut zu Beginn des Schuljahrs eingesetzt werden, damit die Schüler sich kennenlernen können. Sie eignet sich weiter bei allen Meinungsfragen und kann Schülern helfen sich in der Auseinandersetzung mit Mitschülern eine eigene Meinung zu einer Frage zu bilden.

Zimmerparcours
Klassenstufe: Klasse 1–6
Zeit: 10–20 Min
Material: Aufgaben und/oder Hindernisse für den Parcours
Beschreibung: Im Klassenzimmer wird ein Parcours mit verschiedenen Aufgaben und/oder Hindernissen aufgebaut. Die Schüler durchlaufen den Parcours individuell oder in Mannschaften gegeneinander auf Zeit. Wird eine Aufgabe auf dem Parcours nicht korrekt erledigt, wird zur gestoppten Zeit zusätzlich eine vorher festgelegte Strafzeit addiert.
Sinn: Diese Methode bietet sich vor allem bei Themen an, die ein Weg-Motiv beinhalten, z. B. bei biblischen Weg-Geschichten. Indem die Schüler den Parcours durchlaufen, erleben sie selbst den Weg nach, der im Thema eine Rolle spielt.

Schreibgespräch

Klassenstufe: ab Klasse 5
Zeit: ca. 20 Min
Material: große Papierbögen/dicke Filzstifte
Beschreibung: Im Klassenzimmer liegen verschiedene Plakate aus, auf denen jeweils eine Frage formuliert ist. Die Schüler verteilen sich auf die Plakate und beginnen Kommentare zu der jeweiligen Frage aufs Plakat zu schreiben ohne miteinander zu reden. Sie reagieren dabei auch auf Kommentare, die andere Schüler bereits geschrieben haben. Jeder Schüler wechselt in eigener Verantwortung zwischen den Plakaten hin und her. So mischen sich die Gruppen, die sich zu den Fragen schriftlich austauschen. Zugleich kann jeder Schüler zu mehreren Fragen Stellung nehmen.
Sinn: Die Methode eignet sich um die Schüler zu einem intensiven Austausch über kontroverse Fragestellungen anzuregen. Die schriftliche Form verlangsamt den Austausch und nötigt zur Konzentration auf das, was man wirklich mitteilen will.

Exkursion

Klassenstufe: alle Klassenstufen
Zeit: je nach Ziel zwischen einer Schulstunde und mehreren Tagen
Material: je nach Exkursion
Beschreibung: Die Schüler begeben sich zu einem Ort außerhalb der Schule (auf den Friedhof, in die Kirche, in die Natur, in eine andere Stadt, in eine soziale oder kirchliche Einrichtung …) um dort zu lernen. Die Exkursion wird vorbereitet um zu klären, was an dem jeweiligen Ort gelernt werden kann. Sie wird am Ende gemeinsam ausgewertet.
Sinn: Exkursionen ermöglichen besondere Lernerfahrungen, weil ein direkter Kontakt mit dem Lerngegenstand ermöglicht wird. Sinnlich-anschauliches Lernen ersetzt hier das Reden im Klassenzimmer über etwas, was selbst nicht greifbar oder sichtbar ist. Dadurch wirkt das Lernen authentischer. Wichtig ist, die Exkursion so zu arrangieren, dass sie solche Lernerfahrungen tatsächlich ermöglicht und nicht nur als angenehmer Zeitvertreib dient.

Umfrage

Klassenstufe: ab Klasse 7
Zeit: 45–90 Min; ideal ist eine Doppelstunde
Material: Schreibzeug/evtl. große Papierbögen und dicke Filzstifte für die Auswertung
Beschreibung: Die Schüler teilen sich in kleine Gruppen auf und befragen Passanten (z. B. in der Fußgängerzone) zu einem bestimmten Thema. Dazu überlegen sie sich zuvor geeignete Fragen und schreiben die Antworten jeweils auf. Als Auswertung der Umfrage bietet es sich an, dass jede Kleingruppe zu den Ergebnissen ihrer Umfrage ein Plakat gestaltet und präsentiert. Der Lehrer muss sicherstellen, dass er während der Umfrage seiner Aufsichtspflicht nachkommen kann.
Sinn: Die Methode eignet sich gut als Einstieg in die Behandlung ethischer Themen oder aktuell diskutierter kirchlicher Themen. In den darauffolgenden Stunden können sich die Schüler dann Fachwissen zu den entsprechenden Fragen selbst erarbeiten.

Lernstraße

Klassenstufe: alle Klassenstufen
Zeit: je nach Umfang zwischen 30 Min und mehreren Schulstunden
Material: Aufgabenkarten für die einzelnen Stationen; je nach Aufgabe weitere Materialien für die einzelnen Stationen
Beschreibung: Ein Oberthema wird in mehrere Teilaspekte unterteilt. Zu den einzelnen Teilaspekten werden Aufgaben entwickelt, die die Schüler selbständig bearbeiten können. Die Aufgaben werden in Form von Stationen im Klassenzimmer verteilt. Jeder Schüler beginnt an der Station, die ihn am meisten interessiert. Er bestimmt individuell, wie viel Zeit er zur Bearbeitung braucht, und wendet sich danach der nächsten Station zu. Die Schüler müssen nicht alle Stationen bearbeiten. Der Lehrer kann aber bestimmte Stationen als Pflichtstationen vorgeben. Am Ende der Lernstraße findet eine Auswertung der Ergebnisse statt.
Sinn: Lernstraßen ermöglichen individuelles Lernen im Blick auf die benötigte Zeit und die bearbeiteten Aspekte eines Themas. Durch den Wechsel von Station zu Station ermöglichen sie zudem kurze Bewegungspausen. Sinnvoll ist es, wenn die einzelnen Aufgaben einer

Lernstraße sich im Blick auf Methoden, Materialien und Sozialformen unterscheiden.

Soziometrische Übung zum Kennenlernen

Klassenstufe: alle Klassenstufen
Zeit: je nach Anzahl der Übungen 5–30 Min
Material: keines
Beschreibung: Der Lehrer gibt verschiedene Kriterien vor, nach denen sich die Schüler im Raum anordnen sollen, z. B.: alle stellen sich in einer Reihe dem Alter nach auf, der Älteste zuerst; alle aus Klasse 7a gehen nach links, alle aus Klasse 7b in die Mitte, alle aus Klasse 7c nach rechts; alle ohne Geschwister, mit einem Geschwister, mit zwei, mit drei und mehr Geschwistern stellen sich jeweils zusammen; alle Schüler stellen sich nach den Orten/Stadtteilen, in denen sie wohnen, getrennt auf …
Sinn: Die soziometrischen Übungen sind eine gute Möglichkeit, wie der Lehrer die Klasse am Anfang des Schuljahres besser kennenlernen kann. Da Religionsklassen in der Regel aus verschiedenen Klassen zusammengesetzt sind, kennen sich auch die Schüler untereinander nicht immer gut. Auch für sie kann das Kennenlernen daher hilfreich sein.

Ja-Nein-Diskussion (Religionsunterricht)

Klassenstufe: ab Klasse 5
Zeit: je nach Zahl der Sätze 5–15 Min
Material: keines
Beschreibung: Die Schüler stellen sich im Raum auf. Die Tafelseite ist die »Ja-Seite«, die gegenüberliegende Wand die »Nein-Seite«. Der Lehrer liest Aussagesätze zum Thema »Religionsunterricht« vor (z. B.: Mit meiner Religionsnote im letzten Schuljahr war ich zufrieden; Alles in allem war Reli im letzten Schuljahr ok). Die Schüler stellen sich so im Raum auf, wie es ihrer Meinung entspricht: ganz auf der Ja-Seite, ganz auf der Nein-Seite oder abgestuft dazwischen. Eine kurze Gesprächsrunde über das jeweilige Stimmungsbild schließt sich an.
Sinn: Diese Übung ermöglicht es dem Lehrer wie den Schülern, zu Beginn des Schuljahrs schnell einen Überblick über Vorerfahrungen und Meinungen der Schüler zum Fach Religion zu erhalten. Er kann

über die Ergebnisse mit der Klasse ins Gespräch kommen und Vereinbarungen für das neue Schuljahr treffen.

Ja-Nein-Diskussion (Unterrichtsthema)
Klassenstufe: ab Klasse 5
Zeit: je nach Zahl der Sätze 5–15 Min
Material: keines
Beschreibung: Die Übung verläuft wie die Ja-Nein-Diskussion zum Religionsunterricht, allerdings ist jetzt nicht der Religionsunterricht selbst das Thema, sondern das Unterrichtsthema, das gerade behandelt wird.
Sinn: Die Übung kann eingesetzt werden, um zu Beginn einer Unterrichteinheit Vorerfahrungen und Meinungen der Klasse zu erfahren und darüber ins Gespräch zu kommen.

Vier-Ecken-Diskussion
Klassenstufe: ab Klasse 5
Zeit: je nach Zahl der Sätze 15–45 Min
Material: vier DIN-A3-Blätter, je eines davon beschriftet mit »Ja, bestimmt«, »kann sein«, »unwahrscheinlich« und »ausgeschlossen«; Krepp-Klebeband
Beschreibung: Der Lehrer hängt in jede der vier Ecken des Klassenzimmers eines der beschrifteten DIN-A3-Blätter. Die Schüler stehen auf und verteilen sich im Raum. Der Lehrer liest zu einem Thema verschiedene Aussagesätze vor. Nach jedem Satz stellen sich die Schüler jeweils in die Ecke, die ihrer Meinung entspricht. Eine Austausch- und Diskussionsrunde schließt sich nach jedem Satz an. Darin begründen die Schüler ihre Positionen und kommen miteinander ins Gespräch.
Sinn: Die Übung kann eingesetzt werden, um zu Beginn einer Unterrichteinheit Vorerfahrungen und Meinungen der Klasse zu erfahren und darüber ins Gespräch zu kommen. Durch die vier vorgegebenen Antwortmöglichkeiten ist sie besonders geeignet bei Themen, bei denen eine klare Polarisierung zwischen Befürwortern und Gegnern nicht erwünscht ist.

Bibel outdoor

Klassenstufe: Klasse 1–6
Zeit: 20–30 Min
Material: keines
Beschreibung: Die Schüler begeben sich, nachdem sie eine (biblische) Geschichte gehört haben, nach draußen und überlegen sich in kleinen Gruppen, wie man die Geschichte dort nachspielen kann. Entweder wird die Geschichte in Szenen unterteilt, die von den Gruppen arbeitsteilig umgesetzt werden, oder jede Gruppe spielt die ganze Geschichte nach. Als Orte eignen sich – je nach Geschichte – der Schulhof, ein Park, ein Wald oder ein ganz anderer Ort. Die Gruppenergebnisse werden zum Schluss präsentiert.
Sinn: Durch diese Methode können die Schüler biblische Geschichten, die ja oft im Freien spielen, besser nacherleben. Sie müssen überlegen, wo sie welche Szene der Geschichte ansiedeln möchten. Dazu müssen sie sich in die handelnden Personen hineinversetzen und bedenken, wie sich die jeweilige Umgebung in der Geschichte auf das Handeln der Personen auswirkt. Der Lehrer muss diesen Unterrichtsbaustein so planen, dass er seiner Aufsichtspflicht in ausreichendem Maße nachkommt.

8.2.3 Methoden mit Technik

Internet-Recherche

Klassenstufe: ab Klasse 7
Zeit: 30–45 Min
Material: Computer (pro Schüler bzw. Kleingruppe ein Arbeitsplatz)
Beschreibung: Die Schüler recherchieren zu einem vorgegebenen Thema im Internet. Je nach Thema und Klassenstufe ist eine freie oder eine angeleitete Recherche mit vorgegebenen Fragen und Internetseiten sinnvoll. Die Recherche kann auch arbeitsteilig erfolgen.
Sinn: Eine Internetrecherche eignet sich zur Erarbeitung von Themen, zu denen gute, verlässliche und verständliche Informationen im Internet verfügbar sind.

Fotostory

Klassenstufe: ab Klasse 3
Zeit: 45–90 Min
Material: Digitalkameras bzw. Mobiltelefone mit Kamerafunktion/ Computer und Drucker oder Beamer/evtl. Plakate
Beschreibung: Die Schüler teilen sich in Kleingruppen auf und denken sich eine Geschichte zu einem vorgegebenen Thema bzw. einer vorgegebenen Fragestellung aus. Sie machen zu der Geschichte passende Fotos. Je nach Alter der Schüler werden die Fotos ausgedruckt und auf ein Plakat geklebt oder am Computer weiter bearbeitet. Die Schüler fügen zu ihren Fotos Kommentare, Sprech- und Denkblasen hinzu, um die Geschichte verständlich zu machen. Fotos von Personen sind grundsätzlich nur mit Einverständnis der fotografierten Person oder der jeweiligen Erziehungsberechtigten erlaubt. Die Ergebnisse werden zum Schluss in der Klasse präsentiert.
Sinn: Die Methode ermöglicht den Schülern einen ganzheitlichen und kreativen Zugang zu einer Fragestellung. Ethische Fragestellungen oder Glaubensfragen werden durch die Umsetzung in Bildgeschichten konkretisiert.

Foto-Collage

Klassenstufe: ab Klasse 7
Zeit: 45–90 Min
Material: Digitalkameras bzw. Mobiltelefone mit Kamerafunktion/ Computer und Drucker oder Beamer/evtl. Plakate
Beschreibung: Die Schüler nehmen einzeln oder in Kleingruppen Fotos zu einem vorgegebenen Thema bzw. einer vorgegebenen Fragestellung auf. Fotos von Personen sind grundsätzlich nur mit Einverständnis der fotografierten Person oder der jeweiligen Erziehungsberechtigten erlaubt. Die Fotos werden ausgedruckt oder am Computer weiter bearbeitet. Die Schüler erstellen aus den Fotos auf einem Plakat oder am Computer eine Collage. Statt selbst aufgenommener Fotos können auch Fotos aus Zeitschriften oder aus dem Internet verwendet werden. Überschriften, Texte, Symbole etc. können ergänzt werden. Die Collagen werden zum Schluss in der Klasse präsentiert.
Sinn: Die Methode ermöglicht den Schülern einen ganzheitlichen und kreativen Umgang mit einer Fragestellung. Sie eignet sich gut

am Ende einer Unterrichtseinheit um den persönlichen Ertrag der Beschäftigung mit einem Thema zu sichern.

Computer-Plakat
Klassenstufe: ab Klasse 5
Zeit: 15–30 Min
Material: Computer (pro Schüler bzw. Kleingruppe ein Arbeitsplatz)/ Drucker
Beschreibung: Nachdem sich die Schüler ein Thema erarbeitet haben, sichern und präsentieren sie ihre Ergebnisse. Dazu gestalten sie einzeln oder in Gruppen ein Plakat. Die Elemente für das Plakat (Überschriften, Texte, Grafiken, Fotos etc.) werden zunächst am Computer erstellt, dann ausgedruckt und schließlich auf dem Plakat angeordnet. Die fertigen Plakate werden in der Klasse präsentiert.
Sinn: Das Erstellen von Plakaten ist eine klassische Methode zur Ergebnissicherung und -präsentation. Das Erstellen am Computer kommt solchen Schülern entgegen, die gerne mit technischen Hilfsmitteln arbeiten und sich umgekehrt mit schöner Schrift und eigenem Zeichnen schwertun.

Präsentation
Klassenstufe: ab Klasse 5
Zeit: je nach Umfang 30–90 Min
Material: Computer (pro Schüler bzw. Kleingruppe ein Arbeitsplatz)/ Beamer
Beschreibung: Nachdem sich die Schüler ein Thema erarbeitet haben, sichern und präsentieren sie es, indem sie am Computer eine Präsentation erstellen (einzeln oder in Kleingruppen) und die Präsentation dann in der Klasse vorführen.
Sinn: Die Präsentation von Arbeitsergebnissen mit Hilfe einer Computerpräsentation eignet sich für viele Inhalte und kommt Schülern entgegen, die gerne mit technischen Hilfsmitteln arbeiten.

Videodreh

Klassenstufe: ab Klasse 7
Zeit: 2–8 Unterrichtsstunden oder Projektwoche
Material: Videokamera oder Handy mit Kamerafunktion
Beschreibung: Die Schüler drehen zu einem Thema ein eigenes Video. Dazu wird zunächst die Handlung des Films entworfen und anschließend in Szenen aufgeteilt. Die benötigten Requisiten und Kulissen werden besorgt bzw. hergestellt. Schließlich wird der Film Szene für Szene aufgenommen, evtl. geschnitten und nachbearbeitet und vor der Klasse präsentiert. Das Filmen einer Person ist grundsätzlich nur mit Einverständnis der gefilmten Person oder der jeweiligen Erziehungsberechtigten erlaubt.
Sinn: Die Methode ermöglicht den Schülern einen kreativen und handlungsorientierten Zugang zum Thema. Neben Mini-Spielfilmen sind auch Dokumentationen, Interviews etc. möglich. Die Methode ist zeitlich wie von den benötigten Materialien her recht aufwändig. Daher sollte im Vorfeld gut bedacht werden, ob der Aufwand in sinnvollem Verhältnis zum Ertrag steht.

Videoclip / Film ansehen

Klassenstufe: alle Klassenstufen
Zeit: je nach Länge des Films/Clips
Material: Film/Clip und Möglichkeit zum Abspielen
Beschreibung: Die Schüler betrachten einen Film oder Clip. Sie erhalten zu Beginn Beobachtungsaufgaben, damit sie wissen, worauf sie beim Zuschauen achten sollen.
Sinn: Diese Methode eignet sich bei allen Themen, zu denen Filmmaterial zur Verfügung steht. Es kann sich neben Dokumentationen und Spielfilmen auch um Musikvideo- oder Werbeclips handeln. Der Umgang mit Filmen im Unterricht ist didaktisch-methodisch anspruchsvoll. Damit die Filme nicht nur konsumiert werden und tatsächlich Lernfortschritte erreicht werden, ist eine genaue Planung nötig. Dazu gehören Beobachtungsaufgaben für die Schüler zu Beginn sowie Methoden der Weiterarbeit nach dem Film. Neben kognitiv orientierten Methoden (Arbeitsblätter ausfüllen, Fragen zum Film beantworten etc.) eignen sich häufig auch kreative Methoden: den Film an einer Stelle stoppen und die Schüler ein Ende

erfinden lassen, sich in eine Person aus dem Film hineinversetzen und die Geschichte aus ihrer Sicht erzählen, zu einem Standbild aus dem Film einen Comic zeichnen, eine Person aus dem Film in die eigene Lebenswelt versetzen etc.[6]

8.2.4 Methoden, bei denen man sich in Szene setzen kann

Rollenspiel
Klassenstufe: ab Klasse 5
Zeit: 20–30 Min
Material: keines
Beschreibung: Die Schüler vergegenwärtigen sich in Gruppen eine (vorgegebene oder selbst erfundene) Szene, die eine Problemkonstellation beinhaltet. Sie überlegen sich mögliche Lösungen für das Problem und stellen eine oder mehrere davon im Rollenspiel vor der Klasse dar.
Sinn: Die Methode eignet sich um Problem- oder Konfliktsituationen durchzuspielen und mögliche Lösungen im Spiel zu erproben. In manchen Klassen ist der Hinweis wichtig, dass nicht möglichst originelle Lösungen (im Sinn von Slapstick oder Comedy), sondern realistische und zukunftsweisende Lösungen gesucht werden.

Pantomime
Klassenstufe: ab Klasse 5
Zeit: 10–30 Min
Material: keines
Beschreibung: Die Schüler spielen eine Geschichte oder eine Szene ohne Worte, nur mit Gesten, Mimik und Bewegungen.
Sinn: Durch den Verzicht auf das gesprochene Wort legt diese Methode den Fokus auf die nonverbale Kommunikation. Sie eignet sich immer dann, wenn nonverbale Aspekte in einer Geschichte besonders wichtig sind. Wenn die Schüler mit der Methode noch nicht vertraut sind, ist eine kurze Einführung wichtig, damit die Pantomime nicht zur Comedy verkommt.

---

6 Zu Methoden im Umgang mit Musikvideoclips vgl. Obenauer 2002, S. 175–191.

Standbild

Klassenstufe: ab Klasse 5
Zeit: 15–30 Min
Material: keines
Beschreibung: Die Schüler erarbeiten sich in Gruppen eine Szene aus einer Geschichte. Sie stellen sie nach und frieren sie ein. Dann wird sie von den anderen betrachtet.
Sinn: Die Methode legt den Fokus auf eine einzelne Szene. Es wird dargestellt, wie die verschiedenen Personen in dieser Szene zueinander stehen, welchen Gesichtsausdruck und welche Körperhaltung sie haben. Das Stellen der Szene hilft den Schülern, z. B. die Schlüsselszene einer Geschichte besser zu verstehen. Bei der Erarbeitung können die Rollen vorab verteilt werden (neben den beteiligten Personen wird ein Baumeister bzw. Regisseur benötigt, der das Standbild aufbaut) oder von den Gruppen frei ausgehandelt werden. Wichtig ist die Auswertung der Standbilder, bei der sowohl die Zuschauer als auch die Akteure und der Baumeister zu Wort kommen. Dabei geht es nicht um eine Bewertung der Standbilder, sondern um einen Austausch über die jeweiligen Wahrnehmungen und um eine Reflexion dieser Wahrnehmungen.

Schattenspiel

Klassenstufe: Klasse 1–6
Zeit: 20–30 Min
Material: Tageslichtprojektor oder eine andere starke Lichtquelle/ weißes Leintuch
Beschreibung: Die Schüler studieren eine gehörte Geschichte in Kleingruppen als Schattenspiel ein. Dazu überlegen sie zunächst, wie man die Handlung mit Gesten und Bewegungen nachzeichnen kann und studieren dies dann ein. Die Aufführung erfolgt hinter einem weißen Leintuch, das von zwei Schülern (evtl. auf Stühlen stehend) gehalten wird und von hinten mit einer starken Lichtquelle angestrahlt wird. Während eine Gruppe spielt, bilden die anderen Gruppen jeweils das Publikum.
Sinn: Die bei dieser Methode erforderliche Reduktion der Handlung auf Gesten und Bewegungen ermöglicht den Schülern eine Konzentration auf diese beiden Elemente einer Geschichte. Sie ist

vor allem bei solchen Geschichten sinnvoll, bei denen Gesten und Bewegungen für die Handlung entscheidend sind.

Rap

Klassenstufe: ab Klasse 5
Zeit: 45–90 Min
Material: Rhythmusinstrumente oder Rhythmus als Playback von CD bzw. MP3-Datei
Beschreibung: Die Schüler schreiben zu einem im Unterricht behandelten Thema einen Rap, üben ihn ein und führen ihn vor der Klasse auf.
Sinn: Persönliche oder gesellschaftliche Themen können sich die Schüler mit dieser Methode persönlich aneignen und kreativ umsetzen. Obwohl viele Schüler in ihrer Freizeit Hip-Hop hören, ist die Aufgabe selbst einen Rap zu schreiben und aufzuführen, für sie in der Regel sehr anspruchsvoll. Sie benötigen dafür genügend Zeit und häufig auch fachliche Anleitung. Für die Erarbeitung von Text und rhythmischem Sprechen bietet sich die Zusammenarbeit mit Deutsch- und Musiklehrer an.

Was mir heilig ist

Klassenstufe: ab Klasse 7
Zeit: variiert je nach Form
Material: ein Symbolgegenstand pro Schüler
Beschreibung: Die Schüler erhalten die Aufgabe einen Symbolgegenstand zu der Frage »Was ist mir heilig?« mitzubringen. Sie präsentieren ihren Gegenstand und erzählen, was sie mit ihm verbinden.
Sinn: Die Methode eignet sich um mit Schülern über die Frage nach dem wirklich Wichtigen im Leben ins Gespräch zu kommen. Luthers Erklärung zum ersten Gebot (»woran du dein Herz hängst, das ist dein Gott«) kann hierbei als Gesprächsimpuls mit eingebracht werden. Die Methode eignet sich alternativ auch als spiritueller Stundeneinstieg. In diesem Fall bringt zu jeder Stunde ein anderer Schüler einen Gegenstand mit und stellt ihn vor. Je nach Klassengröße kann so der Stundeneinstieg über einige Monate hinweg reihum von den Schülern gestaltet werden.

Ausstellung

Klassenstufe: alle Klassenstufen
Zeit: mindestens 90 Min
Material: je nach Art der Exponate
Beschreibung: Die Schüler konzipieren eine Ausstellung zum behandelten Thema. Sie tragen dafür Gegenstände und Informationen zusammen oder stellen dazu Kunstwerke oder Gegenstände selbst her. Sie überlegen, wie sie die Exponate präsentieren können, welche Erklärungen für die Betrachter nötig sind, wer zur Ausstellungseröffnung eingeladen werden soll etc. Die Ausstellung wird im Schulgebäude aufgebaut und gezeigt.
Sinn: Eine Ausstellung ist eine gute Methode um die Ergebnisse eines Themas zu sichern und sie zugleich anderen zugänglich zu machen. Die Motivation der Schüler ist höher als bei klassischen Formen der Ergebnissicherung (wie z. B. Hefteintrag), weil die Ergebnisse auch anderen zugänglich sind und weil sie bei der konkreten Gestaltung selbst viel Freiraum haben. Zudem bietet die Form der Ausstellung den Schülern die Möglichkeit mit den Exponaten auch sich selbst zu präsentieren.

8.2.5 Methoden, bei denen man etwas Praktisches tun kann

Projekt

Klassenstufe: alle Klassenstufen
Zeit: mehrere Unterrichtsstunden oder Projekttage
Material: je nach Projekt
Beschreibung: Die Schüler führen ein Projekt durch: Sie gestalten einen Gottesdienst, organisieren eine Ausstellung, führen eine Aktion zur Unterstützung eines Hilfsprojekts durch, organisieren einen Sponsorenlauf etc.
Sinn: Die Vorbereitung und Durchführung eines Projekts ermöglicht handelndes Lernen zu einem Thema. Im Vordergrund steht die Durchführung des Projekts, dessen Sinnhaftigkeit unmittelbar einleuchtet, weil es nicht für die Schule, sondern für das »wirkliche« Leben geplant wird. Das inhaltliche Lernen zum Thema des Projekts bei der Vorbereitung geschieht in der Wahrnehmung der Schüler eher nebenbei und fällt dadurch leichter.

Werkstatt

Klassenstufe: alle Klassenstufen
Zeit: je nach handwerklicher Arbeit zwischen 30 Min und mehreren Stunden
Material: je nach handwerklicher Arbeit
Beschreibung: Die Schüler erstellen zum Unterrichtsthema ein handwerkliches Produkt aus passenden Materialien (z. B. Holz, Stein, Metall).
Sinn: Durch handwerkliches Arbeiten können sich die Schüler handelnd und mit ihren Sinnen mit einem Thema beschäftigen. Dies kann am Ende einer Einheit sinnvoll sein um ein Thema persönlich und kreativ umzusetzen. Es ist aber auch als Einstieg in ein Thema möglich und erleichtert denjenigen Schülern den Zugang zu einem neuen Thema, die sich mit sprachlichen Ausdrucksformen eher schwer tun. Für die konkrete Umsetzung kann je nach angestrebtem Produkt und verwendetem Material die Zusammenarbeit mit dem Technik-Fachlehrer sinnvoll sein.

Kreuze basteln

Klassenstufe: Klasse 1–6
Zeit: 20–45 Min
Material: Holzstöcke und Schnur oder Holzbretter und Laubsägen/ evtl. Farben zum Bemalen
Beschreibung: Die Schüler stellen selbst Kreuze her. Jüngere Schüler können (selbst gesuchte) Holzstöcke zu einem Kreuz zusammenbinden, ältere ein Kreuz aussägen (in diesem Fall auf Sicherheitsmaßnahmen zum Schutz vor Verletzungen achten!) und hinterher farbig anmalen.
Sinn: Durch die eigene Herstellung bekommen die Schüler einen ganz besonderen Zugang zum zentralen christlichen Symbol. Wird das Kreuz ausgesägt, kann vor dem Bemalen besprochen werden, welche farbliche Gestaltung passend ist.

Buch/Zeitung erstellen

Klassenstufe: ab Klasse 3
Zeit: mehrere Stunden
Material: Papier/evtl. Computer

Beschreibung: Die Schüler erstellen zu einem Thema ein Buch oder eine Zeitung. Die Gestaltung der einzelnen Seiten kann handschriftlich oder am Computer erfolgen.
Sinn: Die Methode ist eine gute Möglichkeit zur Ergebnissicherung bei vielschichtigen Themen. Ein Thema kann in mehrere Unterthemen aufgeteilt werden. Die Ergebnisse werden dann arbeitsteilig zusammengestellt und als Buchseite oder Zeitungsartikel gestaltet. Ein Buch zu gestalten kann auch eine spirituelle Dimension haben, z. B. wenn ein Buch mit Psalmen, Evangelientexten, selbst formulierten Gebeten o. Ä. gestaltet wird.

Comic zeichnen

Klassenstufe: ab Klasse 5
Zeit: 20–45 Min
Material: weißes Papier/Filzstifte
Beschreibung: Die Schüler zeichnen selbst einen Comic zu einer Geschichte. Dazu teilen sie zunächst die Geschichte in einzelne Bilder auf. Wird der Comic in Gruppenarbeit erstellt, kann auch ein ganzes Heft mit einer längeren Geschichte entstehen. Dazu sind allerdings klare Absprachen hinsichtlich der Gestaltung (Größe, Haarfarbe, Kleidung der Figuren etc.) erforderlich.
Sinn: Ein Comic bietet verschiedene Möglichkeiten sich vertieft mit einer Geschichte zu beschäftigen: Die Aufteilung der Geschichte in einzelne Bilder nötigt dazu, wichtige von unwichtigen Szenen zu unterscheiden und nur die wichtigen Szenen auszuwählen. Da bei Comics die Gesichter der Figuren besonders bedeutsam sind, müssen die Schüler genau überlegen, welche Mimik in den unterschiedlichen Szenen jeweils passend ist. Die für Comics typischen Sprech- und Denkblasen leiten dazu an, die Worte und Gedanken der beteiligten Personen kurz und auf das Wesentliche konzentriert wiederzugeben. Schließlich müssen die Schüler um zwischen Denk- und Sprechblasen unterscheiden zu können genau überlegen, was ihre Figuren nur denken ohne es auszusprechen und was sie tatsächlich sagen.

Themenkiste

Klassenstufe: ab Klasse 3
Zeit: 45–90 Min
Material: ein Schuhkarton pro Schüler/Karton in verschiedenen Farben/Zeitungen/Scheren/Klebstoff/weitere Materialien je nach Thema
Beschreibung: Die Schüler gestalten zu einem Thema, das im Unterricht behandelt wurde, in Einzelarbeit eine Kiste. Dazu erhält jeder Schüler einen leeren Schuhkarton. Dieser wird innen dreidimensional ausgestaltet. Am Ende werden die fertigen Kartons betrachtet. Auch eine Ausstellung im Schulgebäude ist möglich.
Sinn: Diese Methode ermöglicht am Ende eines Themas eine individuelle Auseinandersetzung und Aneignung. So kann z. B. eine *Jenseitskiste* entstehen, in der die Schüler darstellen, was ihrer Meinung nach nach dem Tod kommt. Eine *Lebenskiste* kann Dinge enthalten, die das Leben wertvoll machen und ihm Sinn geben. Auch zu biblischen Personen und ihrem Leben können solche Kisten erstellt werden. Die Dreidimensionalität der Kiste bietet jeweils vielfältige Gestaltungsmöglichkeiten.

Themen-Raum

Klassenstufe: ab Klasse 7
Zeit: 45–90 Min
Material: je nach thematischer Ausrichtung; in jedem Fall so viel, dass die Schüler auswählen können
Beschreibung: Die Schüler gestalten einen Raum zu einem bestimmten Thema. Dieser Raum kann das Klassen- oder Religionszimmer sein, ein Raum im Gemeindehaus oder der Tagesraum bei der Klassenfahrt.
Sinn: Ein Raum hat durch seine Dreidimensionalität besondere Gestaltungsmöglichkeiten. Die Schüler können, indem sie einen Raum ausgestalten, ein Thema auf sehr vielfältige Weise umsetzen: Durch die Gestaltung der Wände, Beleuchtung, Installationen etc. Nicht zuletzt hat es für Schüler einen großen Reiz sich in einem Raum aufzuhalten, den sie selbst gestaltet haben.

Figuren bauen

Klassenstufe: alle Klassenstufen
Zeit: je nach Material und Anzahl der Figuren
Material: je nach Klassenstufe und benötigten Figuren/z. B. Ton, Knetmasse, Stein, Styropor, Holz, Kastanien, Tannenzapfen etc.
Beschreibung: Die Schüler stellen zu einer Geschichte Figuren her. Jeder Schüler kann für sich eine Figur aus der Geschichte herstellen oder die Klasse stellt arbeitsteilig alle beteiligten Figuren einer Geschichte her. Dazu sind allerdings klare Absprachen hinsichtlich der Gestaltung (Größe etc.) erforderlich. In diesem Fall kann die Geschichte mit den Figuren nachgestellt oder nacherzählt werden.
Sinn: Das Herstellen von Figuren kann zu einem vertieften Verständnis einer Geschichte führen, weil die Schüler sich überlegen müssen, wie die herzustellende Figur aussehen soll, welche Körperhaltung, welcher Gesichtsausdruck, welche Kleidung etc. angemessen ist.

Holzklötzchen-Szenen

Klassenstufe: Klasse 1–4
Zeit: 15–30 Min
Material: Holzklötzchen in größerer Zahl
Beschreibung: Die Schüler bauen eine oder mehrere Szenen einer behandelten Geschichte mit Holzklötzchen nach.
Sinn: Diese Methode eignet sich gut als Vertiefung, nachdem eine biblische Geschichte erzählt wurde. Indem die Schüler Szenen der Geschichte nachstellen, versetzen sie sich in die Geschichte, die beteiligten Personen und die Umgebung hinein. Da es sich bei den Holzklötzchen um eine neutrale Form handelt, wird die Fantasie der Schüler angeregt.

Fries

Klassenstufe: alle Klassenstufen
Zeit: 30–45 Min (oder abschnittsweise fortlaufend)
Material: Papierbahn; dicke Filzstifte
Beschreibung: Die Schüler erstellen zu einem Thema oder einer Geschichte einen Fries, der die verschiedenen Aspekte oder den zeitlichen Ablauf bildlich darstellt.
Sinn: Die Methode eignet sich gut als Ergebnissicherung, bei der

die gesamte Klasse aktiv mitwirkt. Der Fries muss lang genug sein, dass alle Schüler gleichzeitig daran arbeiten können. Besonders gut eignet sich der Fries um längere biblische Geschichten (Abraham, Josef, Mose etc.) darzustellen.

Zeitleiste

Klassenstufe: ab Klasse 4
Zeit: je nach Gestaltung eine bis mehrere Schulstunden
Material: Papierbahn/dicke Filzstifte/evtl. Holzbretter
Beschreibung: Die Schüler erstellen zu einem Thema eine Zeitleiste und ordnen die einzelnen Ereignisse darauf an. Die Leiste kann aus einer Papierbahn oder aufwändiger und stabiler aus Holzbrettern hergestellt werden.
Sinn: Die Methode eignet sich bei kirchengeschichtlichen Themen als Ergebnissicherung. Die Abfolge der einzelnen Ereignisse und ihr innerer Zusammenhang können so anschaulich werden.

Fest

Klassenstufe: alle Klassenstufen
Zeit: je nach Anlass und Umfang des Festes; in jedem Fall soll für das Feiern selbst genügend Zeit eingeplant werden
Material: je nach Fest
Beschreibung: Die Schüler planen ein Fest, bereiten es vor und feiern es schließlich gemeinsam. Der Anlass kann im Kirchenjahr (Erntedank, Advent, Weihnachten, Ostern etc.), im Schuljahr (Schuljahresende, Schulentlassung etc.) oder im persönlichen Bereich (Geburtstag etc.) liegen. Neben Essen, Trinken und buntem Programm kann auch ein spirituelles Element seinen Platz haben. Evtl. können auch Gäste zu dem Fest eingeladen werden.
Sinn: Das Feiern von Festen gehört zu den Grundvollzügen des christlichen Glaubens. Dies wird ernst genommen, wenn im Unterricht nicht nur über christliche Feste geredet wird, sondern auch tatsächlich miteinander gefeiert wird.

8.2.6 Methoden, bei denen man sich kritisch auseinandersetzen kann

Gegentext
Klassenstufe: ab Klasse 7
Zeit: 15–30 Min
Material: keines
Beschreibung: Die Schüler schreiben zu einem vorgegebenen (Bibel-)Text einen Text, der genau das Gegenteil der Vorlage aussagt.
Sinn: Diese Methode eignet sich gut um zur Auseinandersetzung mit einem sperrigen oder herausfordernden Bibeltext anzuleiten. Durch die Formulierung des genauen Gegenteils wird die radikale Alternative zu dem skizziert, was im Bibeltext ausgesagt wird. Zwischen diesen beiden Polen kann sich im anschließenden Unterrichtsgespräch eine kontroverse Diskussion entwickeln.

Leserbrief
Klassenstufe: ab Klasse 5
Zeit: 20–30 Min
Material: keines
Beschreibung: Die Schüler entwerfen zu einem aktuellen Thema einen Leserbrief für eine Zeitung. Die Briefe werden anschließend besprochen. Danach kann überlegt werden, ob die Klasse sich auf einen gemeinsamen Brieftext einigen kann, der dann tatsächlich an die Lokalzeitung oder an eine Zeitschrift geschickt wird.
Sinn: Leserbriefe sind eine gute Möglichkeit eine eigene Meinung zu einem aktuellen Problem zu formulieren und auch dazu zu stehen. Zugleich müssen sie so formuliert werden, dass sie Andersdenkende nicht beleidigen. Alternativ zu einem Leserbrief kann auch ein Beitrag in einem Nachrichten-Internetportal verfasst werden.

Kritik
Klassenstufe: ab Klasse 5
Zeit: 20–30 Min
Material: keines
Beschreibung: Die Schüler schreiben zu einem behandelten Song,

Buch, Film, Theaterstück etc. eine Kritik. Die Texte werden vorgelesen und diskutiert.

Sinn: Die Kritik zu künstlerischen Werken ist bis heute ein verbreitetes Genre. In der Schule angewandt fordert es Schüler dazu heraus, zu einem behandelten Werk differenziert Stellung zu nehmen, eine eigene Meinung zu finden und diese dann auch zu vertreten. Wenn die Schüler sich in der Bewertung eines Werkes uneins sind, kann sich eine fruchtbare Diskussion in der Klasse ergeben.

Kreuzverhör

Klassenstufe: ab Klasse 5
Zeit: 2 Stunden
Material: keines
Beschreibung: Die Schüler diskutieren mit einer Person des öffentlichen Lebens (Lokalpolitiker, Pfarrer, Unternehmer etc.) über aktuelle Fragen. Sie bereiten sich auf das Gespräch vor, indem sie sich sachkundig machen und Fragen überlegen. Sie laden die betreffende Person ein oder besuchen sie und stellen ihre Fragen.

Sinn: Bei dieser Methode lernen die Schüler sich mit einer konkreten Person über ein aktuelles Thema auseinanderzusetzen. Sie lernen Fragen zu formulieren, auf Gegenargumente einzugehen und im Gespräch fair zu bleiben.

8.3 Methoden, die gängige männliche Rollenzuschreibungen erweitern

Ein jungengerechter Religionsunterricht, der sich einer Religionspädagogik der Vielfalt verpflichtet weiß, muss bei den klassischen Stärken von Jungen ansetzen. Hierzu passende Methoden wurden im vorangehenden Abschnitt vorgestellt. Davon ausgehend ist es dann aber auch immer wieder wichtig, dass Jungen die Möglichkeit erhalten traditionelle Rollenmuster zu erweitern und dort stärker zu werden, wo sie traditionell eher Schwächen haben. Solche Bereiche, in denen Jungen häufig noch Entwicklungsaufgaben zu bewältigen haben, werden durch die im folgenden Abschnitt skizzierten Methoden gefördert. Die Fähigkeit sich sprachlich auszudrücken und die Fähigkeit zur Empathie sind zwei Bereiche, in denen Jungen eher selten ausgesprochen stark sind und in denen sie häufig noch Entwicklungsmöglichkeiten haben. Beide Fähigkeiten hängen miteinander zusammen und sind für religiöse Lernprozesse zentral. Deshalb werden hierzu im folgenden Abschnitt besonders viele Methodenvorschläge skizziert. Wichtig ist dabei jeweils, dass Jungen schrittweise an diese Fähigkeiten herangeführt werden. Die vorgestellten Methoden bieten ihnen Anregungen um sich auszuprobieren. Sie stellen zugleich geschützte Räume zur Verfügung, die sicherstellen, dass man sich nicht blamieren kann.

8.3.1 Methoden, die Sprachfähigkeit und Empathie fördern

Kreatives Schreiben 1: Tagebucheintrag
Klassenstufe: ab Klasse 5
Zeit: 10–15 Min
Material: keines
Beschreibung: Die Schüler versetzen sich in eine Person hinein und stellen sich vor, diese Person würde Tagebuch schreiben. Sie formulieren einen Tagebucheintrag, den die betreffende Person schreiben könnte. Einige Tagebucheinträge werden vorgelesen.
Sinn: Die Methode hilft den Schülern sich in eine Person und ihre innere Verfassung hineinzuversetzen. Insbesondere moralische Dilemmata, innere Zerrissenheit oder schwierige Entscheidungssituationen können so anschaulich und nachvollziehbar werden.

Kreatives Schreiben 2: Perspektivwechsel
Klassenstufe: ab Klasse 7
Zeit: 10–20 Min
Material: keines
Beschreibung: Eine Geschichte wird aus der Perspektive einer Person (der Hauptperson, eines Beobachters, einer am Rande beteiligten Person etc.) erzählt.
Sinn: Der Perspektivwechsel ermöglicht neue Blicke auf eine Geschichte. Die handlungsleitenden Motive einzelner Personen können deutlicher werden. So kann ein vertieftes Verstehen des Geschehens angebahnt werden.

Kreatives Schreiben 3: Anfangs-Satz

Klassenstufe: ab Klasse 4
Zeit: 10–30 Min
Material: keines
Beschreibung: Die Schüler erfinden um einen Satz herum, der vom Lehrer vorgegeben wird, eine Geschichte. Der Lehrer kann weitere Vorgaben machen, z. B. dass die Geschichte mit dem Satz beginnen oder enden soll, dass die Geschichte einen guten oder schlechten Ausgang nehmen soll etc.
Sinn: Die Methode regt die Fantasie der Schüler an und erleichtert es ihnen, sich in fremde Situationen und andere Menschen hineinzuversetzen.

Kreatives Schreiben 4: Zeitreise

Klassenstufe: ab Klasse 5
Zeit: 10–30 Min
Material: keines
Beschreibung: Die Schüler übertragen eine Geschichte in eine andere Zeit, z. B. eine biblische Geschichte in die heutige Zeit, eine Begebenheit aus der Kirchengeschichte ins Heute oder eine Gegenwartsgeschichte zurück in die Zeit der Bibel.
Sinn: Durch die Variation der Zeit werden die Schüler angeregt sich über die handlungsleitenden Motive der beteiligten Personen Gedanken zu machen. Welchen Anteil haben persönlicher Charakter und individuelle Überzeugungen? Wie viel ist durch die Zeitumstände bestimmt oder zumindest beeinflusst?

Kreatives Schreiben 5: Wenn es anders gekommen wäre

Klassenstufe: ab Klasse 3
Zeit: 10–20 Min
Material: keines
Beschreibung: Die Schüler schreiben zu einer vorgegebenen (biblischen oder anderen) Geschichte einen neuen Schluss. Der Lehrer kann Vorgaben machen, in welche Richtung der Schluss verändert werden soll (z. B. positiver statt negativer Ausgang).
Sinn: Durch diese Methode kann den Schülern deutlich werden, dass der Ausgang einer Geschichte nicht selbstverständlich ist. Fast

immer gibt es Alternativen. Nach dem Umschreiben kann überlegt werden, warum die Originalgeschichte so ausgeht, wie sie ausgeht, warum die beteiligten Personen handeln, wie sie handeln, und wie all das zu beurteilen ist.

Kreatives Schreiben 6: Die Geschichte vor der Geschichte

Klassenstufe: ab Klasse 5
Zeit: 10–20 Min
Material: keines
Beschreibung: Die Schüler überlegen, was vor einer vorgegebenen Geschichte passiert ist und wie es zu der Ausgangsposition gekommen ist, die die Geschichte voraussetzt. Sie schreiben eine Geschichte vor der Geschichte.
Sinn: Die Methode sensibilisiert für die Voraussetzungen von Geschichten und Ereignissen. Sie lenkt den Fokus auf die Frage, wie es zu der Ausgangssituation gekommen ist und ob es evtl. im Vorfeld schon Alternativen gegeben hätte. Die tatsächliche Geschichte und die beteiligten Personen erscheinen so möglicherweise in einem neuen Licht.

Kreatives Schreiben 7: Jugendsprache

Klassenstufe: ab Klasse 6
Zeit: 10–20 Min
Material: keines
Beschreibung: Die Schüler erzählen eine vorgegebene Geschichte so nach, dass sie Worte und Ausdrücke aus der heutigen Jugendsprache verwenden.
Sinn: Die Methode kann Schülern dabei helfen, Personen und Geschichten besser zu verstehen, die ihnen zunächst sehr fremd erscheinen. Die Übertragung in Jugendsprache zwingt dazu, fremde Personen mit ihren Handlungen und den Folgen ihrer Handlungen in den Kontext der eigenen Lebenswelt zu stellen.

Ein typischer Junge in deinem Alter

Klassenstufe: ab Klasse 7
Zeit: ca. 15 Min
Material: keines

Beschreibung: Die Schüler diskutieren über ein Thema indirekt, indem sie sich überlegen: »Was würde ein typischer Junge bzw. ein typischer Jugendlicher in deinem Alter zu dieser Frage sagen?«
Sinn: Diese indirekte Form der Diskussion eignet sich bei heiklen Themen. Dies können Themen mit großer persönlicher Betroffenheit sein. Hier hilft die Distanzierung gerade Jungen dabei das Thema besprechbar zu machen. Es können aber auch solche Themen sein, bei denen im Religionsunterricht bestimmte Antworten als erwünscht gelten. Hier kann die Distanzierung dabei helfen, echte Jugend-Antworten zu formulieren, die dann – einmal ausgesprochen – auch diskutiert werden können. Schließlich eignet sich die Frage auch bei geschlechtshomogenen Gesprächsrunden zum Thema Junge- bzw. Mann-Sein. Hier können mit Hilfe der Frage zunächst klassische Bilder von Männlichkeit bzw. männlichem Verhalten benannt werden. In einer zweiten Runde sind dann Differenzierungen möglich mit der Frage »Könnte man sich auch Jungen vorstellen, die zu diesem Thema eine andere Meinung haben?«

Leserbriefe beantworten
Klassenstufe: ab Klasse 7
Zeit: 30–45 Min
Material: Leserbriefe aus Jugendzeitschriften bzw. Anfragen aus Online-Beratungsportalen
Beschreibung: Die Schüler erhalten Leserbriefe aus Jugendzeitschriften bzw. Beratungsanfragen aus Online-Beratungsportalen für Jugendliche, jeweils ohne die Antworten der Berater. Sie beschreiben zunächst in eigenen Worten, welches Problem der jeweilige Jugendliche hat, wie er sich fühlt und was er sich wünscht. Dann formulieren sie (einzeln oder in Gruppen) einen Antwortbrief. Die Antwortbriefe werden vorgelesen und diskutiert.
Sinn: Die Methode eignet sich um über Fragen zu diskutieren, die Jugendliche existenziell betreffen. Mögliche Themenbereiche sind Liebe und Sexualität, Familienleben, Alkohol und Drogen, Gewalt, Mobbing, Lebensperspektiven etc. Die Bearbeitung der Leserbriefe ermöglicht den Schülern einen geschützten Raum, weil sie nicht direkt von sich selbst sprechen müssen, sondern typische Jugendfragen am Beispiel eines unbekannten Dritten diskutieren können.

Außerdem fördert die Auseinandersetzung mit den Briefen die Empathie-Fähigkeit, weil die Schüler dazu angeleitet werden, sich in eine andere Person, ihre Probleme, Gefühle und Wünsche hineinzuversetzen.

Fragen-Kiste: persönliche Fragen

Klassenstufe: alle Klassenstufen
Zeit: je nach Zahl der Fragen 20–45 Min
Material: verschlossener Kasten mit einem schmalen Schlitz, durch den anonym Fragen in den Kasten geworfen werden können
Beschreibung: Die Fragen-Kiste wird im Klassenzimmer aufgestellt. Die Schüler können persönliche Fragen, die sie bewegen, aufschreiben und dort anonym einwerfen. In regelmäßigen Abständen wird eine halbe oder ganze Schulstunde verwendet um über die Fragen zu sprechen.
Sinn: Die Möglichkeit zu anonymen Fragen erleichtert es den Schülern, existenzielle Fragen zu stellen und zu diskutieren. Sie lernen zu eigenen Fragen und Unsicherheiten zu stehen und zugleich, mit den Fragen der anderen respektvoll umzugehen. Die Fragen-Kiste kann auch gezielt zu einzelnen Unterrichtsthemen (z. B. Liebe und Partnerschaft, Drogen/Sucht, Gewalt) aufgestellt werden.

Interview

Klassenstufe: alle Klassenstufen
Zeit: 15–45 Min
Material: keines
Beschreibung: Die Schüler interviewen einzeln oder in Gruppen einen anderen Menschen; möglich ist auch, dass die Schüler sich gegenseitig interviewen. Anders als bei einer Umfrage wird nur eine einzelne Person befragt.
Sinn: Interviews sind eine gute Möglichkeit einen anderen Menschen und seine Sicht auf ein Thema kennenzulernen. Wichtig ist es sich die Fragen im Vorfeld gut zu überlegen. Je nach Alter und Lernzusammenhang kann es sinnvoll sein, dass die Schüler sich die Fragen selbst ausdenken oder dass sie vom Lehrer (teilweise) vorgegeben werden.

Mit den Augen eines anderen

Klassenstufe: ab Klasse 4
Zeit: 15–30 Min
Material: keines
Beschreibung: Die Schüler kommentieren eine Begebenheit oder einen Sachverhalt aus der Sicht einer anderen Person.
Sinn: Durch diese Methode können sich die Schüler darin einüben, eine Begebenheit aus unterschiedlichen Perspektiven zu betrachten und damit zu einem differenzierteren Verständnis zu kommen. Wichtig ist, dass die Lehrkraft Hinweise gibt, worauf die Schüler beim Perspektivwechsel achten sollen.

Elfchen

Klassenstufe: ab Klasse 3
Zeit: 10–15 Min
Material: keines
Beschreibung: Die Schüler schreiben einen Elf-Worte-Text, der aus fünf Zeilen (ein Wort, zwei Worte, drei Worte, vier Worte, ein Wort) besteht.
Sinn: Durch die Reduktion eines Themas auf elf Worte fordert die Formulierung eines Elfchens die Schüler zur (sprachlichen wie inhaltlichen) Konzentration heraus. Gleichzeitig ermöglicht diese besondere Form den Schülern einen spielerischen Umgang mit Sprache.

Sich in einen Text schreiben

Klassenstufe: ab Klasse 8
Zeit: 20–30 Min
Material: keines
Beschreibung: Die Schüler erschließen sich einen (biblischen) Text, indem sie ihn auf ihre persönliche Situation hin umschreiben. Der Lehrer muss dazu evtl. formale Vorgaben machen, z. B. vorgeben, welche Satzanfänge aus dem vorliegenden Text persönlich weitergeschrieben werden sollen. Die Schüler lassen sich von den Formulierungen des Textes anregen um ihre eigenen Gedanken, Empfindungen oder Meinungen zu dem im Text angesprochenen Thema zu formulieren. So entsteht aus Bausteinen des vorgegebenen Textes und den eigenen Formulierungen der Schüler ein neuer Text.

Sinn: Diese anspruchsvolle Methode leitet die Schüler zu einer existentiellen Begegnung mit einem vorgegebenen Text an. Hierfür eignen sich besonders biblische und andere Texte, die existentielle Fragen in poetischer Form behandeln.

Farben-Text

Klassenstufe: ab Klasse 5
Zeit: 20–30 Min
Material: Wachsmalstifte/große Papierbögen
Beschreibung: Die Schüler zeichnen den Gang einer Geschichte mit Farben nach. Dazu überlegen sie zunächst, welche unterschiedlichen Stimmungen im Lauf einer Geschichte vorherrschen und welche Gefühle die beteiligten Personen jeweils haben. In einem zweiten Schritt bedenken sie, welche Farben zu den verschiedenen Abschnitten der Geschichte passen. Schließlich gestalten sie zu der Geschichte ein großes Blatt mit den ausgewählten Farben. Dabei geht es nicht um gegenständliche Zeichnungen zu einzelnen Szenen der Geschichte, sondern um abstrakte Farbkompositionen.
Sinn: Die Methode ermöglicht es den Schülern, den emotionalen Gehalt einer Geschichte kreativ und nicht-sprachlich zu erfassen und umzusetzen. Neben (biblischen) Geschichten können auch Psalmen auf diese Weise bearbeitet werden.

Gefühlskurve

Klassenstufe: ab Klasse 4
Zeit: 10–20 Min
Material: keines
Beschreibung: Die Schüler zeichnen ein Koordinatensystem. Auf der horizontalen Achse legen sie einen Zeitstrahl an, auf der vertikalen Achse werden verschiedene Grade für die Stimmung (gut, mittel, schlecht) eingetragen. In einem zweiten Schritt werden die Gefühle einer Person in Form einer Kurve in das Koordinatensystem eingetragen.
Sinn: Die Methode eignet sich um die innere Verfassung einer Person und mögliche Veränderungen nachzuzeichnen und damit besser zu verstehen. Die Kurve kann für Personen aus einer behandelten Geschichte erstellt werden. Sie kann aber auch von den Schülern für

sich selbst (für die vergangene Woche, das letzte Jahr, das bisherige Leben) erstellt werden. In diesem Fall bietet die Gefühlskurve eine Möglichkeit, das eigene Leben zu reflektieren. Gefühlskurven, die das Leben der Schüler selbst betreffen, werden in der Regel nicht besprochen.

Gefühle ausdrücken

Klassenstufe: ab Klasse 7
Zeit: 10–20 Min
Material: keines
Beschreibung: Die Schüler bringen Gefühle durch ihre Körperhaltung zum Ausdruck. Die Gefühle können vom Lehrer vorgegeben werden. Sie können sich aber auch aus der Beschäftigung mit einer Geschichte ergeben.
Sinn: Die Methode sensibilisiert für (eigene und fremde) Gefühle. Sie hilft dazu verschiedene Gefühle nachempfinden zu können. Werden die Gefühle von Personen einer (biblischen) Geschichte körperlich ausgedrückt, vertieft dies das Verständnis der Geschichte. Aus theologischen Gründen sollte darauf verzichtet werden, die Gefühle Jesu nachempfinden zu wollen.

8.3.2 Methoden zur religiösen Sprach- und Ausdruckskompetenz

Fragen-Kiste: Gott-und-die-Welt-Fragen

Klassenstufe: alle Klassenstufen
Zeit: je nach Zahl der Fragen 20–45 Min
Material: verschlossener Kasten mit einem schmalen Schlitz, durch den anonym Fragen in den Kasten geworfen werden können
Beschreibung: Die Fragen-Kiste wird im Klassenzimmer aufgestellt. Die Schüler können Fragen über Gott und die Welt aufschreiben und dort anonym einwerfen. In regelmäßigen Abständen wird eine halbe oder ganze Schulstunde verwendet um über die Fragen zu sprechen.
Sinn: Die anonymen Fragen bilden den Ausgangspunkt um mit Kindern und Jugendlichen zu theologisieren. Bei dieser Form der Fragen-Kiste geht es nicht um persönliche Probleme, sondern um theologisch-philosophische Fragen. Der Lehrer leitet das Gespräch

über die Fragen an und ermöglicht den Schülern einen Austausch darüber. Er kann seine Sicht selbst mit einbringen, soll die Fragen aber nicht als »Experte« abschließend beantworten.

Gebete schreiben
Klassenstufe: alle Klassenstufen
Zeit: 10–20 Min
Material: keines
Beschreibung: Die Schüler formulieren Gebete, entweder für sich selbst oder aus Sicht einer anderen Person (z. B. aus der Sicht einer biblischen Gestalt, einer Person in einer Geschichte, einem Film, einem Song etc.). Die Gebetsgattung (Dank, Lob, Klage, Bitte, Fürbitte) kann vorgegeben werden.
Sinn: Das Gebet ist die Urform religiöser Kommunikation. Wenn Schüler selbst Gebete formulieren, eignen sie sich diese Kommunikationsform probeweise an und machen Erfahrungen damit. Die Lehrkraft muss dabei unbedingt die Intimsphäre der Schüler respektieren. Gebete, die die persönliche Situation der Schüler betreffen, werden nicht vorgelesen und auch sonst in keiner Weise öffentlich gemacht. Gebete, die aus der Sicht eines Dritten formuliert werden, können dagegen in der Klasse vorgelesen und besprochen werden.

Gebetsgebärden und Gebetshaltungen
Klassenstufe: alle Klassenstufen
Zeit: 10–30 Min
Material: keines
Beschreibung: Die Schüler probieren eine oder mehrere Gebetshaltungen oder Gebetsgebärden aus: Beten im Sitzen mit gefalteten Händen und/oder geschlossenen Augen, im Knien, im Liegen auf dem Rücken oder mit nach vorn ausgestreckten Händen auf dem Bauch (Prostratio), im Stehen mit gefalteten Händen oder mit geöffneten Armen (Orantenhaltung) etc. Sie reflektieren anschließend die gemachten Erfahrungen.
Sinn: Durch diese Übung erhalten die Schüler Zugang zur leiblichen Dimension des Gebets. Sie können spüren, wie unterschiedliche Körperhaltungen und Gesten das Beten in eine bestimmte Richtung konzentrieren. Während Kinder mit dieser Übung in der Regel unbe-

fangen umgehen, können Jugendliche diese Form des Betens leicht als peinlich empfinden. Dann sollte nach Möglichkeiten gesucht werden, wie die Schüler die Gebärden unbeobachtet ausprobieren können (z. B. im Rahmen einer Lernstraße an einer Station, die durch eine Pinnwand o. ä. nicht unmittelbar einzusehen ist).

Rituale gestalten

Klassenstufe: alle Klassenstufen
Zeit: je nach Ritual
Material: je nach Ritual
Beschreibung: Die Schüler gestalten Rituale im Stundenablauf und im Jahreslauf gemeinsam.
Sinn: Rituale sind zentrale Ausdrucksformen des Glaubens. Im Schulalltag können sie zum einen die regelmäßig wiederkehrenden Zeiten im Tages- oder Wochenablauf strukturieren und gestalten. Zum anderen können sie helfen, herausgehobene Zeiten im Schuljahr angemessen zu begehen. Für Rituale, die im Zusammenhang mit dem Religionsunterricht gestaltet werden, ist es wichtig, dass einerseits der religiöse Bezug deutlich wird und andererseits die Schüler nicht zu religiösen Handlungen gezwungen werden. Die Möglichkeiten um gemeinsam mit den Schülern Rituale zu entwickeln und zu gestalten, sind vielfältig: zu Beginn und Ende eines Schultags, zu Beginn und Ende einer Schulwoche, zu Ferienbeginn und zu Schulbeginn nach den Ferien, zur Zeugnisausgabe, zu den Geburtstagen der Schüler, zu einzelnen Festen im Kirchenjahr und zu vielen anderen Gelegenheiten können Rituale gemeinsam gestaltet und begangen werden.

8.3.3 Methoden, die zu Achtsamkeit und Stille anleiten

Eine Minute Stille

Klassenstufe: alle Klassenstufen
Zeit: 5 Min
Material: keines
Beschreibung: Die Schüler sitzen für eine Minute still auf ihren Stühlen und achten auf ihren Atem. Die Lehrkraft leitet die Stille ein und beendet sie.

Sinn: Diese kurze Übung ist eine gute Möglichkeit Schüler an die Erfahrung von Stille heranzuführen. Die kurze Zeit überfordert die Schüler nicht und erleichtert es ihnen sich darauf einzulassen. Trotzdem sollte die Teilnahme freiwillig sein. Wichtig ist zudem eine gute Einleitung durch die Lehrkraft, die zur Ruhe einlädt, sowie ein guter Abschluss, der aus der Stille wieder langsam herausführt. Die Übung eignet sich gut zu Stundenbeginn oder – gerade bei Doppelstunden – in der Stundenmitte. Wie alle Stilleübungen darf sie nicht als Disziplinierungsmittel missbraucht werden.

Achtsam gehen

Klassenstufe: ab Klasse 4
Zeit: 10–20 Min
Material: keines
Beschreibung: Die Schüler stellen sich im Klassenzimmer auf und gehen umher. Sie reden nicht und schauen nicht auf die anderen. Im Hintergrund kann Musik laufen. Die Lehrkraft gibt Anleitung um verschiedene Formen des Gehens auszuprobieren: langsam, schnell, auf Zehenspitzen, mit kräftigem Auftritt, tänzelnd etc. Anschließend werden die gemachten Erfahrungen reflektiert.
Sinn: Diese Übung fördert die bewusste Wahrnehmung des eigenen Körpers. Auf spielerische Weise leitet sie die Schüler dazu an wahrzunehmen, wie viele unterschiedliche Möglichkeiten sie haben und nutzen um sich zu bewegen.

Schöpfungsspaziergang

Klassenstufe: alle Klassenstufen
Zeit: 30–60 Min
Material: keines
Beschreibung: Die Schüler gehen gemeinsam nach draußen in die Natur, z. B. in den Wald, auf eine Wiese oder in einen Park. Dort bittet sie der Lehrer in mehreren Runden, jeweils einen ihrer Sinne bewusst zu gebrauchen: für einige Minuten bewusst hören, dann bewusst riechen, bewusst sehen etc. Bei den einzelnen Übungen reden die Schüler nicht. Nach jeder Runde gibt es einen kurzen Austausch. Zurück im Klassenzimmer können die Erfahrungen ausgewertet und gesichert werden, indem in Gruppen Plakate erstellt werden.

Sinn: Diese Übung fördert den bewussten Gebrauch der Sinne und sensibilisiert die Schüler für ihre Wahrnehmungsfähigkeiten. Zugleich werden die Schüler damit angeleitet Gottes Schöpfung bewusst wahrzunehmen und ins Staunen zu kommen.

8.3.4 Methoden, die kooperatives Arbeiten stärken

Arbeitsteiliges Arbeiten in Gruppen
Klassenstufe: alle Klassenstufen
Zeit: je nach Aufgabenstellung
Material: je nach Aufgabenstellung
Beschreibung: Die Schüler bearbeiten ein Thema in Gruppen. Jede Gruppe teilt die dafür nötigen Aufgaben noch einmal unter den Gruppenmitgliedern auf. Diese arbeiten zunächst selbstständig in Einzelarbeit, präsentieren ihre Ergebnisse dann in der Gruppe und fügen gemeinsam alles zum Gesamtergebnis zusammen.
Sinn: Durch diese strukturierte Form der Gruppenarbeit wird gewährleistet, dass wirklich alle Gruppenmitglieder etwas zum Arbeitsergebnis beitragen. Einzel- und Teamarbeit verbinden sich.

Arbeitsteilige Gruppenarbeit
Klassenstufe: alle Klassenstufen
Zeit: je nach Aufgabenstellung
Material: je nach Aufgabenstellung
Beschreibung: Ein Thema wird in Unterthemen unterteilt. Diese werden von Kleingruppen arbeitsteilig erarbeitet. Die Ergebnisse werden in der Klasse vorgestellt und miteinander verbunden.
Sinn: Eine arbeitsteilige Gruppenarbeit ermöglicht es ein komplexes Thema effektiv zu erarbeiten. Die abschließende Arbeitsphase im Plenum muss gut geplant werden, damit die Gruppen nicht nur ihre eigenen Ergebnisse vorstellen, sondern auch die Ergebnisse der anderen Gruppen wahrnehmen und Zusammenhänge zwischen den unterschiedlichen Arbeitsergebnissen erkennen können.

Gruppenpuzzle

Klassenstufe: alle Klassenstufen
Zeit: je nach Aufgabenstellung
Material: je nach Aufgabenstellung
Beschreibung: Die Arbeit beim Gruppenpuzzle verläuft zunächst wie bei der arbeitsteiligen Gruppenarbeit: Ein Thema wird in Unterthemen unterteilt. Diese werden von Kleingruppen arbeitsteilig erarbeitet. Bevor die Ergebnisse in der Klasse vorgestellt und miteinander verbunden werden (oder auch an Stelle dieses Schritts), werden neue Kleingruppen gebildet, wobei jede neue Gruppe aus je einem Mitglied der alten Kleingruppen besteht, sodass in jeder neuen Gruppe alle Arbeitsergebnisse der alten Gruppen präsent sind. Die Zusammenschau der Ergebnisse der ersten Gruppenarbeit kann so erneut in Kleingruppen erfolgen, wobei die Lehrkraft gegebenenfalls eine Anleitung zur Auswertung der Ergebnisse geben muss.
Sinn: Das Gruppenpuzzle bietet dieselben Chancen wie die arbeitsteilige Gruppenarbeit. Die Schwierigkeiten der Auswertungsphase werden durch die erneute Gruppenarbeit vermieden. Dafür ist jedoch mehr Zeit erforderlich. Der Erfolg der Methode hängt entscheidend davon ab, dass in der ersten Gruppenphase alle Gruppen zu brauchbaren Ergebnissen gekommen sind und dass jeweils alle Gruppenmitglieder diese dann auch in den neuen Gruppen verständlich darstellen können.

9. Exemplarisch: Eine Lernstraße zum Thema »Typisch Jungs?« für die Sekundarstufe

Wie kann der Religionsunterricht so gestaltet werden, dass er für Jungen ansprechend ist? Welche Themen und Methoden, welche spirituellen Elemente und welche Ästhetik braucht er um Jungen zu interessieren? Und wie kann dabei zugleich vermieden werden überholte Klischees von Männlichkeit im Religionsunterricht fortzuschreiben?

Am Beispiel einer Lernstraße zum Thema *Typisch Jungs?* sollen die Grundgedanken des hier vorgestellten Ansatzes exemplarisch noch einmal konkret werden.[1] In der Lernstraße werden biblische Texte und Geschichten behandelt, in denen Jungen sich mit ihren Themen und Fragen wiederfinden können:[2] Konflikte und Gewalt *(Kain und Abel)*, cool sein und Schwächen zeigen *(Jesus und Petrus)*, eigene Stärken entdecken und sich durchsetzen *(David und Goliath)*, gegen das Böse kämpfen und sich für das Gute einsetzen *(Jesus und der Teufel)*, die Beziehung zum eigenen Vater und zu Gott als Vater klären *(Gleichnis vom verlorenen Sohn)*, Liebe und Partnerschaft erfahren und gestalten *(Hoheslied)*. In all diesen Geschichten klingen Bilder männlicher Identität an, die Jungen auf ihrem eigenen Weg zum Mannsein anregen, bestärken und auch herausfordern können.

Die Lernstraße ist somit ausdrücklich für Jungen der Sekundarstufe konzipiert. Sie kann dort unmittelbar eingesetzt werden, wo Religionslehrer (z. B. an der Berufsschule) reine Jungengruppen unterrichten. Bei geschlechtsgemischten Klassen bietet sich eine konfessionelle Kooperation an, bei der die Jungen beider Konfessionen die hier vorgestellte Lernstraße durchlaufen und die Mädchen beider Konfessionen gleichzeitig ein für Mädchen relevantes

---

1 Die Lernstraße wurde zuerst in der Zeitschrift *entwurf* veröffentlicht (vgl. Obenauer 2011) und findet sich hier in leicht überarbeiteter Form.
2 Vgl. dazu auch die Anregungen bei Knauth/Bräsen/Langbein/Schroeder 2002.

Thema bearbeiten. Alternativ kann eine geschlechtsgemischte Klasse den Einstieg in die Lernstraße (typisch Mann – typisch Frau) im Klassenverband bearbeiten und sich dann in eine Jungen- und eine Mädchengruppe aufteilen. Während die Jungen sich mit der Lernstraße beschäftigen, kann die Lehrkraft mit den Mädchen ein für sie relevantes Thema behandeln.[3]

Folgender Verlauf bietet sich an (die entsprechenden Materialien finden sich im Download-Bereich):

- *Einstieg* (eine Schulstunde): Die Schüler bearbeiten in Partnerarbeit eine Liste mit Eigenschaftswörtern. Sie versuchen die Eigenschaften in »typisch männliche« und »typisch weibliche« Eigenschaften aufzuteilen. Anschließend schreibt jedes Paar die ihrer Meinung nach typischste männliche und weibliche Eigenschaft an die Tafel. Das Tafelbild wird im Klassengespräch diskutiert und vom Lehrer (z. B. durch ein Foto) gesichert, damit am Ende der Unterrichtseinheit noch einmal darauf Bezug genommen werden kann.
- *Lernstraße* (drei bis vier Schulstunden): Die Schüler bearbeiten die Stationen der Lernstraße. Der Lehrer kann vorgeben, wie viele Stationen in der vorgegebenen Zeit zu bearbeiten sind. Die Stationen bauen inhaltlich nicht aufeinander auf und können daher in beliebiger Reihenfolge und Auswahl erledigt werden. Folgende Stationen stehen zur Auswahl:
  - »Jungs müssen sich immer prügeln …«: Die Schüler lesen die Geschichte von Kain und Abel (Gen 4,1–16). Sie zeichnen beide und achten auf Mimik, Körperhaltung etc. Sie versuchen sich in Kain und Abel hineinzuversetzen, bevor der Mord geschieht. Sie schreiben in Ich-Form zu ihren Zeichnungen, was beide denken und fühlen. Sie schreiben die Geschichte abschließend so um, dass Kain und Abel sich streiten, am Ende aber eine gute Lösung finden.
  - »Jungs wollen coole Typen sein …«: Die Schüler betrachten in Partnerarbeit Fotos von Jungen und Männern, die an der Station ausliegen. Sie sortieren die Fotos nach Männern, die sie cool finden, und solchen, die sie uncool finden. Sie schreiben

---

3 Vgl. hierzu z. B. die Anregungen in Ahrens/Pithan 1999.

auf, welche drei Jungen/Männer sie am coolsten finden und welche am uncoolsten und begründen jeweils ihre Auswahl. Anschließend betrachten sie die Fotos von den coolen und den uncoolen Jungen/Männern noch einmal und überlegen: Was zeichnet ihrer Meinung nach einen coolen Typen aus, was einen uncoolen? Sie vervollständigen folgende Sätze: Coole Jungs sind …, uncoole Jungs sind …, coole Jungs haben …, uncoole Jungs haben …, coole Jungs tun …, uncoole Jungs tun … Sie lesen die Geschichte vom Verrat des Petrus (Mt 26,31–35.69–75). Sie denken darüber nach, ob Petrus' Weinen nachvollziehbar ist oder nicht. Sie denken über das Verhalten von Petrus in der Geschichte nach und überlegen, ob sie Petrus eher für einen coolen oder für einen uncoolen Typ halten. Sie mutmaßen, wie Jesus auf Petrus reagieren wird. Anschließend lesen sie Joh 21,15–19 und beschreiben, wie Jesu Verhalten auf sie wirkt.

- »Jungs wollen gewinnen …«: Die Schüler lesen die Geschichte von David und Goliath (1. Sam 17). Sie überlegen, wie David gegen Goliath gewinnen konnte. Sie zeichnen einen Comic zu der Geschichte mit Sprech- und Denkblasen, aus dem deutlich wird, was beide jeweils denken und fühlen. Anschließend denken sie sich in Partnerarbeit eine Geschichte aus, in der zwei Jungen gegeneinander »kämpfen«. Der scheinbar Schwächere soll in der Geschichte gewinnen. Sie schreiben die Geschichte in Stichworten auf, üben sie dann als kurzes Theaterstück ein und spielen sie am Schluss der Unterrichtseinheit den anderen vor oder gestalten sie als Foto-Geschichte und präsentieren sie am Schluss den anderen.

- »Jungs möchten für das Gute kämpfen …«: Die Schüler lesen die Geschichte, in der Jesus gegen den Teufel kämpft (Mt 4,1–11). Sie erhalten eine Erläuterung zu den drei Versuchungen (Versuchung 1, V. 3: Wenn du Gottes Sohn bist, kannst du alles haben, was du willst. Du musst auf nichts verzichten. Was immer du möchtest – du kannst es sofort haben; Versuchung 2, V. 6: Wenn du Gottes Sohn bist, dann kannst du alles tun, was du willst. Dir wird nichts passieren. Für dich gibt es keine Grenzen. Du kannst alles tun; Versuchung 3, V. 9: Du

bist der mächtigste Mann auf der ganzen Welt – wenn du mir dienst. Du kannst alles befehlen – es geschieht.). Sie überlegen, welche dieser drei Versuchungen für sie selbst verlockend wäre. Sie stellen sich einen Jungen vor, der entweder auf nichts verzichten muss oder für den es keine Grenzen gibt oder der der mächtigste Mensch auf der Erde ist. Sie schreiben auf, wie sein Tag verläuft. Sie überlegen, ob sie mit diesem Jungen tauschen möchten und begründen ihre Meinung. Sie überlegen, warum Jesus sich nicht auf die verlockenden Angebote des Teufels einlässt. Sie bedenken abschließend, wer oder was Jugendlichen heute helfen kann, für das Gute zu kämpfen.
- »Jungs und ihre Väter ...«: Die Schüler sammeln typische Verhaltensweisen und Eigenschaften eines Vaters und schreiben sie auf ein Plakat, das an der Station ausliegt. Sie überlegen, welche Verhaltensweisen und Eigenschaften sie selbst einmal zeigen möchten, falls sie Kinder haben werden. Die Ideen schreiben sie auf ein zweites ausliegendes Plakat. Sie lesen das Gleichnis vom verlorenen Sohn (Lk 15,11–32). Sie überlegen, was sie über das Verhalten der beteiligten Personen denken. Sie übertragen das Gleichnis anschließend auf das Verhältnis von Menschen zu Gott. Sie ergänzen dazu die Sätze: Der jüngere Sohn denkt über seinen Vater ...; Er ist froh, so einen Vater zu haben, weil ...; Wir Menschen können zu Gott »Vater« sagen, weil ... Sie stellen sich abschließend einen Jugendlichen vor, der an Gott glaubt und sich darüber freut, dass Gott zu ihm hält, auch wenn er mal Mist baut. Sie formulieren ein Gebet aus der Sicht dieses Jugendlichen.
- »Jungs und die Liebe ...«: Die Schüler lesen Hld 4 in Auswahl. Sie unterstreichen den Satz, der ihnen am besten gefällt. Sie überlegen, in welcher Situation ein Junge diesen Satz zu einem Mädchen sagen könnte. Sie schreiben Hld 4 in Jugendsprache um. Sie überlegen zum Schluss, für wen sie selbst solch ein Liebesgedicht schreiben würden, und beschreiben, wie ein Mädchen sein müsste, in das sie sich verlieben könnten.
– Präsentation der Ergebnisse (eine halbe bis eine Schulstunde): Alle kreativen Arbeitsergebnisse (Comics, Gedichte, Zeichnungen, Geschichten, Gebete) können fortlaufend, nach Stationen

geordnet, an mehreren großen Wandzeitungen gesammelt werden. Diese können dann abschließend betrachtet und die Ergebnisse gewürdigt werden. Die Theaterstücke bzw. Fotogeschichten werden ebenfalls präsentiert.
- Abschluss (eine halbe bis eine Schulstunde): Der Lehrer erinnert an das Tafelbild zu Beginn. Die Schüler diskutieren noch einmal über »typisch männliche« und »typisch weibliche« Eigenschaften und nehmen dabei Bezug auf die Arbeitsergebnisse der Lernstraße. Der Lehrer leitet das Gespräch an und achtet darauf, dass Differenzierungen möglich sind.

In einer persönlichen Auswertung sichtet jeder Schüler abschließend für sich noch einmal alle Arbeitsergebnisse. Er schreibt unter der Überschrift *Was ich mir für mein weiteres Leben merken möchte* eine persönliche Bilanz der Unterrichtseinheit. Diese wird nicht vorgelesen.

Zum Abschluss der Einheit versammeln sich alle Schüler in einem Stuhlkreis. In der Mitte liegt ein Weg, der aus Seilen gelegt ist. Am Beginn des Weges liegt ein Blatt mit der aktuellen Jahreszahl, am Ende des Weges die Jahreszahl 20 Jahre nach dem aktuellen Jahr. Jeder Schüler erhält ein Teelicht und einen Stein. Der Lehrer bittet die Schüler sich zu überlegen, wie ihr Weg als Junge und Mann wohl weiter verlaufen wird. Jeder soll ein Teelicht anzünden und an einer Stelle auf dem Weg ablegen, wo er sich etwas Gutes für seine Zukunft erhofft (z. B. die Frau fürs Leben finden, eine interessante Arbeitsstelle finden, ein wichtiges Projekt realisiert haben etc.). Den Stein soll jeder dort ablegen, wo er im Blick auf sein weiteres Leben eine Sorge oder eine Unsicherheit spürt (z. B. dass der erhoffte Schulabschluss nicht gelingt, dass sich der Wunsch nach einer eigenen Familie nicht erfüllt etc.). Lichter und Steine werden schweigend abgelegt. Meditative Hintergrundmusik kann dies erleichtern. Zum Abschluss kann der Lehrer ein Segenswort sprechen.

Ausblick: Ein Religionsunterricht, der Jungen und Mädchen fördert

Religionsunterricht für und mit Jungen gilt gemeinhin als schwierig. Jungen haben vielfach den Eindruck, es handle sich bei Religion eher um ein Mädchenfach. Religionslehrkräfte haben häufig das Gefühl, mit ihren Themen und Methoden bei den Mädchen leichter landen zu können als bei den Jungen.

Ich habe versucht deutlich zu machen, warum der Religionsunterricht so, wie er bei uns derzeit üblich ist, Mädchen eher anspricht als Jungen. Ich habe zugleich Vorschläge gemacht, welche Themen, Methoden und Gestaltungsformen Jungen den Zugang zum Religionsunterricht erleichtern können. Schließlich und vor allem bin ich auf der Grundlage einer Religionspädagogik der Vielfalt der Frage nachgegangen, welche Art von Religionsunterricht Jungen brauchen, um gut gefördert zu werden und sich – auch in religiösen Fragen – gut entwickeln zu können.

In diesen behandelten Fragen und in den vorgeschlagenen Antworten ist das Buch bewusst einseitig. Es schaut aus der Perspektive von Jungen auf den Religionsunterricht, benennt Defizite, die sich aus dieser Perspektive erkennen lassen, und macht Vorschläge, die Jungen den Zugang zum Religionsunterricht erleichtern.

Im Schulalltag haben Religionslehrkräfte nur selten mit reinen Jungengruppen zu tun. In aller Regel gilt an unseren Schulen das Koedukationsprinzip. Reine Jungenschulen oder reine Jungenzüge sind noch seltener als reine Mädchenschulen oder Mädchenklassen. Lediglich in den beruflichen Schulen kommt es bei bestimmten Berufsgruppen häufiger vor, dass Jungen oder junge Männer in der Klasse unter sich sind.

Damit stellt sich automatisch die Frage, wo in einem an den Jungen ausgerichteten Religionsunterricht die Mädchen bleiben und wie eine gezielte Förderung von Mädchen im Religionsunterricht aussehen kann. Diese wichtige Frage müsste in einem eigenen Buch ausführlich behandelt werden. Hier können abschließend nur einige kurze Hinweise gegeben werden.

Wenn die Beobachtung vieler Kolleginnen und Kollegen stimmt, die durch empirische Untersuchungen gestützt wird, dass Religion eher ein »Mädchenfach« ist, dann ist damit zunächst einmal gesagt, dass die Förderung von Mädchen im Religionsunterricht, wie er bislang in der Regel erteilt wird, offenbar recht gut gelingt. Ein Religionsunterricht, der Jungen und Mädchen fördert, darf also die bislang üblichen und bewährten Formen und Inhalte des Religionsunterrichts nicht über Bord werfen. Er muss sie vielmehr um solche Elemente ergänzen, die Jungen eher entgegenkommen. So ermöglicht er beiden Geschlechtern einen angemessenen Zugang zum Unterrichtsgegenstand.

Hier wurde darüber hinaus mehrfach die Vermutung geäußert, dass sich klassische Stärken und Schwächen der Geschlechter in unserer Kultur häufig komplementär verhalten, dass also Jungen klassischerweise dort ihre Stärken haben, wo bei Mädchen Entwicklungsaufgaben liegen und umgekehrt. Diese Vermutung, die eine Publikation über Religionsunterricht für Mädchen noch einmal überprüfen müsste, legt nahe, dass der hier vorgeschlagene Zugang zu einem jungengerechten Religionsunterricht immer auch Mädchen fördert. Wo er bei klassischen Jungen-Stärken ansetzt, fordert er Mädchen dazu heraus Entwicklungsaufgaben anzugehen. Wo er Jungen zu Entwicklungsaufgaben anregt, ermöglicht er den Mädchen einen Zugang, der den eigenen Stärken tendenziell eher entspricht. Somit wird ein Religionsunterricht, der darauf abzielt klassische Rollenvorstellungen von Jungen zu erweitern, automatisch auch klassische Rollenmuster von Mädchen zu erweitern suchen.

Schließlich, und dies ist der wichtigste Gedanke, verabschiedet sich ein Religionsunterricht, der einer Religionspädagogik der Vielfalt verpflichtet ist, gerade von festgefahrenen Geschlechterklischees und ermutigt Kinder und Jugendliche dazu, ihren eigenen individuellen Weg zu finden und ihre eigene Geschlechterrolle individuell und in Freiheit innerhalb vielfältiger Möglichkeiten selbstbestimmt und selbstbewusst zu gestalten. Ein solcher Religionsunterricht muss gesellschaftlich geprägte Unterschiede zwischen den Geschlechtern im Blick haben, weil sie die Lebenswirklichkeit von Jungen und Mädchen vielfältig prägen und bestimmen. Zugleich aber wird er immer wieder daran arbeiten, lebensfeindliche Verfestigungen zu überwinden und den Schülerinnen und Schülern Freiräume zur individuellen Entwicklung, auch gegen gesellschaftlich wirkmächtige Klischees, zu ermöglichen. So zielt ein jungengerechter Religionsunterricht paradoxerweise gerade darauf, dass die Kategorie »Junge« für religiöse Lernprozesse immer mehr an Bedeutung verliert und einem religiösen Lernen weicht, das dem individuellen Weg des einzelnen Kindes und des einzelnen Jugendlichen in seiner Gottsuche zentrale Bedeutung zukommen lässt.

10. Literatur

Adam, Gottfried/Lachmann, Rainer (Hg.): Methodisches Kompendium für den Religionsunterricht. Göttingen ⁵2010
Adam, Gottfried/Lachmann, Rainer (Hg.): Methodisches Kompendium für den Religionsunterricht 2. Aufbaukurs. Göttingen ³2010
Ahrens, Sabine/Pithan, Annebelle (Hg.): KU – weil ich ein Mädchen bin. Ideen – Konzeptionen – Modelle für mädchengerechten KU. Gütersloh 1999
Alt, Franz: Jesus – der erste neue Mann. München/Zürich 1989
Baumann, Gerlinde: Seit Adam und Eva … werden Geschlechterrollen konstruiert. Feministische Exegese und Gender-Frage am Beispiel der Schöpfungserzählung Gen 2,4b–3,24, in: Zeitschrift für Pädagogik und Theologie, 56 (2004), S. 297–308
Benz, Sabine/Butt, Christian: Muss es immer Schmieröl sein …?, in: entwurf 42 (2011), Heft 4, S. 18–23
Betz, Hans Dieter: Der Galaterbrief. Ein Kommentar zum Brief des Apostels Paulus an die Gemeinden in Galatien. München 1988 (Hermeneia-Kommentar)
Beuster, Frank: Die Jungenkatastrophe. Das überforderte Geschlecht. Reinbek 2006
Biddulph, Steve: Männer auf der Suche. Sieben Schritte zur Befreiung. München 2003
Book, Mechthild/Ottemeier-Glücks, Franz-Gerd/Sander, Brunhild/Swoboda, Rudi: Parteiliche Mädchenarbeit & antisexistische Jungenarbeit. Abschlussbericht des Modellprojektes »Was Hänschen nicht lernt … verändert Clara nimmer mehr!« Petershagen-Frille ca. 1988
Butler, Judith: Das Unbehagen der Geschlechter. Frankfurt/M. 1991 (Gender Studies)
Connell, Robert W.: Der gemachte Mann. Konstruktion und Krise von Männlichkeiten. Opladen ²2000 (Geschlecht und Gesellschaft, Band 8)
Diefenbach, Heike: Jungen und schulische Bildung, in: Matzner, Michael/Tischner, Wolfgang (Hg.): Handbuch Jungen-Pädagogik, Weinheim/Basel 2008, S. 92–108
Engelbrecht, Martin: Was Männern Sinn gibt, in: Ders./Rosowski, Martin: Was Männern Sinn gibt – Leben zwischen Welt und Gegenwelt. Stuttgart 2007, S. 43–173
Grün, Anselm: Kämpfen und lieben. Wie Männer zu sich selbst finden. Münsterschwarzach 2003
Guggenbühl, Allan: Die Schule – ein weibliches Biotop? Psychologische Hinter-

gründe der Schulprobleme von Jungen, in: Matzner, Michael/Tischner, Wolfgang (Hg.): Handbuch Jungen-Pädagogik, Weinheim/Basel 2008, S. 150–167

Guggenbühl, Allan: Kleine Machos in der Krise. Wie Eltern und Lehrer Jungen besser verstehen. Freiburg u. a. 2011

Hüther, Gerald: Männer. Das schwache Geschlecht und sein Gehirn. Göttingen 2009

Hurrelmann, Klaus: Kompetenz- und Leistungsförderung für Jungen. Ergebnisse aktueller Bildungs-, Kinder- und Jugendstudien, in: entwurf 42 (2011), Heft 4, S. 6–9

Jakobs, Monika: Religionspädagogische Entwicklungen zur Frauen- und Geschlechterforschung, in: Pithan, Annebelle/Arzt, Silvia/dies./Knauth, Thorsten: Gender Religion Bildung. Beiträge zu einer Religionspädagogik der Vielfalt. Gütersloh 2009, S. 47–71

Jozsa, Dan-Paul: Religionsunterricht in Nordrhein-Westfalen. Ansichten und Erfahrungen von Jugendlichen, in: Ders./Knauth, Thorsten/Weiße, Wolfram (Hg.): Religionsunterricht, Dialog und Konflikt. Analysen im Kontext Europas. Münster/New York/München/Berlin 2009 (Religious Diversity and Education in Europe, Volume 15), S. 104–143

Jozsa, Dan-Paul/Knauth, Thorsten/Weiße, Wolfram: Religion in der Schule. Eine Vergleichsstudie zwischen Hamburg und Nordrhein-Westfalen, in: Dies. (Hg.): Religionsunterricht, Dialog und Konflikt. Analysen im Kontext Europas. Münster/New York/München/Berlin 2009 (Religious Diversity and Education in Europe, Volume 15), S. 199–240

Kahl, Brigitte: Der Brief an die Gemeinden in Galatien. Vom Unbehagen der Geschlechter und anderen Problemen des Andersseins, in: Schottroff, Luise/Wacker, Marie-Theres (Hg.): Kompendium Feministische Bibelauslegung. Unter Mitarbeit von Claudia Janssen und Beate Wehn. Gütersloh 1998, S. 603–611

Karl, Holger/Ottemeier-Glücks, Franz-Gerd: Neues aus dem Mekka der antisexistischen Jungenarbeit. Ein Blick in die »interne« Diskussion, in: Möller, Kurt (Hg.): Nur Macher und Macho? Geschlechtsreflektierende Jungen- und Männerarbeit. Weinheim/München 1997 (Geschlechterforschung), S. 91–107

Karle, Isolde: »Da ist nicht mehr Mann noch Frau …« Theologie jenseits der Geschlechterdifferenz. Gütersloh 2006

Kliemann, Peter: Impulse und Methoden. Anregungen für die Praxis des Religionsunterrichts. Stuttgart 1997

Knauth, Thorsten/Bräsen, Frie/Langbein, Ekkehard/Schroeder, Joachim (Hg.): KU – weil ich ein Junge bin. Ideen – Konzeptionen – Modelle für jungengerechten KU. Gütersloh 2002

Knauth, Thorsten: Jungen in der Religionspädagogik – Bestandsaufnahme und Perspektiven, in: Pithan, Annebelle/Arzt, Silvia/Jakobs, Monika/ders.: Gender Religion Bildung. Beiträge zu einer Religionspädagogik der Vielfalt. Gütersloh 2009, S. 72–94 [2009a]

Knauth, Thorsten: Zur Bedeutung von Religion in Schule und Lebenswelt von

Jugendlichen in Hamburg, in: Jozsa, Dan-Paul/ders./Weiße, Wolfram (Hg.): Religionsunterricht, Dialog und Konflikt. Analysen im Kontext Europas. Münster/New York/München/Berlin 2009 (Religious Diversity and Education in Europe, Volume 15), S. 35–103 [2009b]

Knauth, Thorsten: Die Geschlechter der Jungen. Überlegungen zur Jungenperspektive in einer Religionspädagogik der Vielfalt, in: Qualbrink, Andrea/Pithan, Annebelle/Wischer, Mariele (Hg.): Geschlechter bilden. Perspektiven für einen genderbewussten Religionsunterricht. Gütersloh 2011, S. 92–102

Knieling, Reiner/Ruffing, Andreas (Hg.): Männerspezifische Bibelauslegung. Impulse für Forschung und Praxis. Göttingen 2012

Kugler, Tilman: Jungen – Religion – Erziehung. Ein religionspädagogischer Blick auf Jungen, in: entwurf 42 (2011), Heft 4, S. 14–17

Lautenbacher, Benedikt/Ruffing, Andreas (Hg.): Männer Gottes. 12 Portraits aus Bibel und Tradition. Ein Jahresbegleiter. München 2013

Matthiae, Gisela: Von der Emanzipation über die Dekonstruktion zur Restauration und zurück. Genderdiskurse und Geschlechterverhältnisse, in: Pithan, Annebelle/Arzt, Silvia/Jakobs, Monika/Knauth, Thorsten: Gender Religion Bildung. Beiträge zu einer Religionspädagogik der Vielfalt. Gütersloh 2009, S. 30–46

Meuser, Michael: Modernisierte Männlichkeit? Kontinuitäten, Herausforderungen und Wandel männlicher Lebenslagen, in: Wacker, Marie-Theres/Rieger-Goertz, Stefanie (Hg.): Mannsbilder. Kritische Männerforschung und theologische Frauenforschung im Gespräch. Berlin 2006 (Theologische Frauenforschung in Europa, Band 21), S. 21–42

Meyer, Hilbert: UnterrichtsMethoden II: Praxisband. Frankfurt/M. ²1989

Niehl, Franz Wendel/Thömmes, Arthur: 212 Methoden für den Religionsunterricht. München ⁵2002

Obenauer, Andreas: Too much Heaven? Religiöse Popsongs – jugendliche Zugangsweisen – Chancen für den Religionsunterricht. Münster/Hamburg/London 2002 (Heidelberger Studien zur Praktischen Theologie, Band 5)

Obenauer, Andreas: Der Blick in den Spiegel. Ein erfahrungsorientierter Unterrichtsbaustein zum Thema »Schuld und Vergebung« für die Sekundarstufe I, in: entwurf, 35 (2004), Heft 4, S. 33–36

Obenauer, Andreas: Typisch Jungs! Biblische Geschichten und männliche Identität – eine Lernstraße für Jungen in der Sekundarstufe, in: entwurf 42 (2011), Heft 4, S. 36–39

Obenauer, Andreas/Rimmele, Helena: All You Need Is Love! Das Thema Liebe und Partnerschaft in der Hauptschule – konfessionell gemischt, nach Geschlechtern getrennt (LPE 9.5W), in: entwurf 34 (2003), Heft 2, S. 65–77

Prengel, Annedore: Pädagogik der Vielfalt. Verschiedenheit und Gleichberechtigung in Interkultureller, Feministischer und Integrativer Pädagogik. Wiesbaden ³2006 (Schule und Gesellschaft, Band 2)

Rendle, Ludwig (Hg.): Ganzheitliche Methoden im Religionsunterricht. Neuausgabe 2007. München ²2008

Rohr, Richard: Endlich Mann werden. Die Wiederentdeckung der Initiation. München 2005

Schaupp, Barbara: Bodenbilder gestalten, in: Rendle, Ludwig (Hg.): Ganzheitliche Methoden im Religionsunterricht. Neuausgabe 2007. München ²2008, S. 175–191

Schliephake, Dirk: Spielende Liturgie macht Jungen stark, in: Reschke-Rank, Erhard (Hg.): Wo bleiben denn die Jungs? Jungen und Männer im Kindergottesdienst. Neukirchen-Vluyn 2008, S. 41–51

Schüngel-Straumann, Helen: Genesis 1–11. Die Urgeschichte, in: Schottroff, Luise/Wacker, Marie-Theres (Hg.): Kompendium Feministische Bibelauslegung. Unter Mitarbeit von Claudia Janssen und Beate Wehn. Gütersloh 1998, S. 1–11

Simma, Christoph: Mit Kindern Achtsamkeit üben, in: Brunsting, Monika/Nakamura, Yuka/ders. (Hg.): Wach und präsent – Achtsamkeit in Schule und Therapie. Bern 2013, S. 101–116

Sturzenhecker, Benedikt: Arbeitsprinzipien aus der Jungenarbeit, in: Ders./Winter, Reinhard (Hg.): Praxis der Jungenarbeit. Modelle, Methoden und Erfahrungen aus pädagogischen Arbeitsfeldern. Weinheim/München 2002 (Praxishilfen für die Jugendarbeit), S. 37–62

Szagun, Anna-Katharina: Hier Frühling und Kuschelnest – dort Monstertruck und Rettungswagen. Geschlechterdifferente Gottesvorstellungen im Spiegel einer Langzeitstudie, in: Qualbrink, Andrea/Pithan, Annebelle/Wischer, Mariele (Hg.): Geschlechter bilden. Perspektiven für einen genderbewussten Religionsunterricht. Gütersloh 2011, S. 158–177

Taschner, Johannes: Jakob – ein Mann, wie er im Buche steht? Auslegung aus männlicher Perspektive, in: Knieling, Reiner/Ruffing, Andreas (Hg.): Männerspezifische Bibelauslegung. Impulse für Forschung und Praxis. Göttingen 2012, S. 19–38

Westhof, Jochem: Laut und spannend – Erzählen für Jungenohren, in: Reschke-Rank, Erhard (Hg.): Wo bleiben denn die Jungs? Jungen und Männer im Kindergottesdienst. Neukirchen-Vluyn 2008, S. 52–54

Wild, Hartmut: Materialien und Gestaltungstipps für die Arbeit mit Jungen im Kindergottesdienst, in: Reschke-Rank, Erhard (Hg.): Wo bleiben denn die Jungs? Jungen und Männer im Kindergottesdienst. Neukirchen-Vluyn 2008, S. 62–67

Winter, Reinhard: Jungen. Eine Gebrauchsanweisung. Jungen verstehen und unterstützen. Weinheim/Basel 2011

Winter, Reinhard/Neubauer, Gunter: Dies *und* Das. Das Variablenmodell »balanciertes Junge- und Mannsein« als Grundlage für die pädagogische Arbeit mit Jungen und Männern. Tübingen 2001 (Jungenpädagogische Materialien, Band 1)

Winter, Reinhard/Neubauer, Gunter: Dies *und* Das. Das Variablenmodell »balanciertes Jungesein« und die Praxis der Jungenarbeit, in: Sturzenhecker, Benedikt/Winter, Reinhard (Hg.): Praxis der Jungenarbeit. Modelle, Methoden und Erfahrungen aus pädagogischen Arbeitsfeldern. Weinheim/München 2002 (Praxishilfen für die Jugendarbeit), S. 27–35

Zeeh-Silva, Brigitte: Arbeitshilfe Religion Grundschule NEU. 1./2. Schuljahr. 2. Halbband. Stuttgart 2012

Zenger, Erich: Die Schöpfungsgeschichten der Genesis im Kontext des Alten Orient, in: Welt und Umwelt der Bibel, 1996, Heft 2, S. 20–33